智元微库
OPEN MIND

成长也是一种美好

换位沟通

言いたいことを1分にまとめる技術

掌握关键对话的沟通必修课

［日］山本昭生 —— 著　　刘峥 —— 译

人民邮电出版社

北京

图书在版编目（CIP）数据

换位沟通：掌握关键对话的沟通必修课／（日）山本昭生著；刘峥译 . -- 北京：人民邮电出版社，2020.7（2020.11重印）

ISBN 978-7-115-54116-1

Ⅰ．①换… Ⅱ．①山… ②刘… Ⅲ．①心理交往—通俗读物 Ⅳ．① C912.11-49

中国版本图书馆 CIP 数据核字（2020）第 088169 号

◆ 著　　　　〔日〕山本昭生
　　译　　　　刘　峥
　　责任编辑　宋　燕
　　责任印制　周昇亮

◆ 人民邮电出版社出版发行　　北京市丰台区成寿寺路 11 号
　　邮编　100164　　电子邮件　315@ptpress.com.cn
　　网址　https://www.ptpress.com.cn
　　北京鑫丰华彩印有限公司印刷

◆ 开本：880×1230 1/32
　　印张：6.25　　　　　　　　　　2020 年 7 月第 1 版
　　字数：200 千字　　　　　　　　2020 年 11 月北京第 3 次印刷
　　著作权合同登记号　图字：01-2020-0906

定　价：59.80 元　（附小册子）

读者服务热线：（010）81055522　印装质量热线：（010）81055316
反盗版热线：（010）81055315
广告经营许可证：京东市监广登字 20170147 号

前言

怎样才能提高沟通能力？早在 20 多年前，我就在各种培训班和讲座中向人们介绍"1 分钟之内把话说完""1 分钟内表达""1 分钟表达术"等沟通方法了。最多的时候，我在一年内曾向 3000 多位商务人士介绍这些沟通方法。当时，我也听过很多人倾诉自己在沟通方面的苦恼。

"经常有人对我说'不懂你想表达什么。'"

"好多人反映，我说的话又长又啰唆。"

"我说的话，对方听不进去。我想知道怎样把话说进对方的心坎里。"

"我希望自己开会时能做到清楚地表达。"

"我希望自己能简洁地表达。"

上述苦恼，大家是不是或多或少都有呢？为了帮助大家解决这些问题，本书将按照以下两大要点展开讲解。

第一大要点是"站在对方的立场上思考，从对方的角度出发进行沟通"。本书将在第 1 章中对此进行详细阐述。要想提高沟通能力，提升沟通技巧就是十分必要的，但不应该片面地强调技巧。"换位思考"是好好说话的重要前提，做到换位思考是"掌握沟通技巧的捷径"。

第二大要点是"1 分钟之内把话说完"，这是一切方法的基础。我将在本书第 2 章中就此展开具体论述，围绕"1 分钟说话法"这一基础，介绍简洁法、紧凑型三部分构成法、三角脚本法等基本方法。

此外，根据场景说话、非语言表达、防止紧张的准备工作等也非常重要，这些我将在第 3 ~ 5 章讲解。阅读本书，你将掌握在工作和生活中一些切实有用的沟通方法。

本书是 2009 年出版的《超级说话整理术》的修订版，10 年来，沟通行为本身也发生了变化，整理本书内容时，基于这些变化，我重新思考"简单有效沟通"的本质，在原书的基础上进行了的内容增补和梳理。

"会沟通"绝不单纯地指表达流畅、滔滔不绝。极端地讲，只要讲话人是抱着"表达自己""让对方听进去"这样的热情在沟通，那么，他哪怕说话时紧张地手发抖、满头大汗，那也叫"会沟通"，他的沟通方式也是受人喜欢的沟通方式。

仅凭"具有优秀的沟通能力"这一点，人们就能获得别人的好评，被称赞"工作能力强""值得信任"。我希望本书能帮助大家克服"不善言辞"的劣势，将沟通能力变成自己的"强项"和"武器"。

山本昭生

自我诊断表

　　首先，请使用"自我诊断表"对自己的沟通方式做一次诊断，想成为沟通高手，必须"换位思考"（见表 0-1）并"掌握沟通技巧"（见表 0-2）。

　　这两张表格能够帮助大家有效地了解自己"在沟通时擅长与不擅长什么"，从而提升沟通的有效性，请一定善加利用。

　　同时，推荐大家用这两张表比较自己在阅读本书前后的变化。

表 0-1　自我诊断表（诊断 1）

诊断项目	总是如此	经常如此	偶尔如此	极少如此
1. 能换位思考				
2. 不是某一方一直在说				
3. 有意识地分配说话和倾听的比例				
4. 沟通完成后可以达成共识				
5. 重视与对方建立良好的人际关系				
6. 尊重对方，肯定对方				
7. 通过措辞和态度引起对方共鸣				
8. 能注意到语言之外的反应				
9. 认可"听者决定沟通效果"				
10. 不让对方听得厌烦				

（左侧竖排标注：沟通的感觉）

共计得分

注：总是如此，4分；经常如此，3分；偶尔如此，2分；极少如此，1分。
得分越高，表明在沟通中换位思考的能力越高，沟通的效果也越佳。

表 0-2　自我诊断表（诊断 2）

诊断项目	总是如此	经常如此	偶尔如此	极少如此
说话方法 1. 一开口就能吸引人				
2. 说话时声音洪亮、吐字清晰				
3. 语速适中				
4. 全程目光交流				
5. 讲话时姿态、态度得体				
6. 说话时，保持微笑，表情不僵硬				
7. 声调抑扬顿挫，富于变化				
8. 情感饱满，充满激情				
9. 强调（对比、重复等）重点				
10. 身体姿势得体				
11. 不发出"嗯""啊"等口头禅				
12. 注意停顿				
13. 边说边观察对方的反应				
14. 重视提前准备				
15. 关注听者的理解程度				
内容构成 16. 说话时目的明确				
17. 不做多余的铺垫，不说废话				
18. 用一句话概括想表达的内容				
19. 整理内容，让语言富有逻辑				

（续）

诊断项目	总是如此	经常如此	偶尔如此	极少如此
内容构成 20. 不东拉西扯讲太多				
21. 最先介绍讲话概要				
22. 说话内容符合现场场景				
23. 内容要具体，避免抽象化表达				
24. 对于关键点，不使用专业术语和省略语				
25. 以一句让人印象深刻的话收尾				
共计得分				

注：总是如此，4分；经常如此，3分；偶尔如此，2分；极少如此，1分。
得分越高，表明在沟通中言行得体、表述精准清晰，沟通的效果也越佳。

目 录

01

学会换位思考

02

建立"1分钟"意识后，想说的话一下子就能总结好

03

不同场合下的沟通方法

04

刺激对方的五感有助于实现更有效的表达

05

怎样准备才能避免失败

01

学会换位思考

1.1
清楚表达的心理基础

1.1.1　表达的基础已经具备了吗

说话时要注意换位思考

在前言中，我已经讲过清楚表达的精髓就在于"站在对方的立场上思考，从对方的角度出发进行沟通"。

所谓换位思考，就是子女站在父母的立场上思考、上司站在下属的立场上思考、下属站在上司的立场上思考，等等。

与别人沟通时，说话者从听者的立场出发思考并沟通这一点非常重要。其实，要真正做到这一点相当困难，但换位思考是掌握沟通艺术的基础，也可以说是"捷径"。

1.1.2 "换位思考"是大前提

只有对方把话听进心里，沟通才算成立

我在语言能力讲座、培训班等场合经常听到有人说"我想学习沟通技巧""我想掌握沟通的窍门"。但是，沟通这件事是拥有感情的人类在交流时发生的行为，因此，仅学会沟通技巧不足以保证沟通能够顺利进行。如果说话者不注意换位思考，就算听者已经理解了说话者讲话的内容，也很有可能出现"没把话听到心里去""不认可""没抓住说话者真正想传达的信息点"等情况。

下面的案例是我听 A 讲的，A 将近 40 岁。

A 年轻时就很注重表达的逻辑性，上学时，他身边的人的表达风格与他类似。

参加工作后，A 也很注重提升自己的沟通能力，读过一些教人提高沟通技巧的实用性图书。

但是，在之后的数年内，经常有人对 A 说："我明白你的意思，但是……""你的意思我懂，但都是大道理……"

"你只是一味地说自己想说的，太以自我为中心了……"

上学时很"吃得开"的沟通方式等走上工作岗位，在不同年龄、不同专业背景人员集聚的公司里却处处碰壁，A为此很受打击。

A原本以为，读本教沟通技巧的书，学习一下沟通技巧，自己就是沟通达人了。实际上，书中介绍的沟通技巧并没有真正地转化为自己的"强项"，工作了10多年后，A才意识到这一点。

毋庸置疑，像A那样学习沟通技巧非常重要。

但是，学习沟通技巧前有没有做好为对方着想的心理准备将极大地影响沟通水平能否提升。

如图1-1所示，"换位思考"是支撑沟通技巧的基础，是"地基"。用体育领域的术语来讲，它相当于运动员的基本体能。

说话时不注意换位思考就相当于运动员不增强体能，只是一味地学习运动技能。

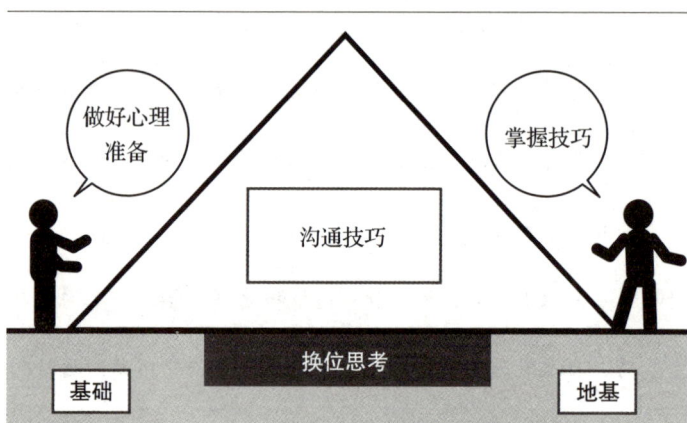

图1-1　提升沟通能力的示意图

　　在体育界，我们经常能听到这样的事：学习运动技能后，运动成绩会在短时间内有所提高，但是因为不具备扎实的体能，在提高成绩的过程中往往会中途遇到瓶颈，只能返回起点，加强体能训练。

　　也就是说，单纯地练习沟通技能并不能提升沟通能力。因此，说话者首先需要建立强烈的换位思考意识，夯实基础，这是成为沟通达人的"捷径"。

1.1.3　从"立场"和"时间"角度出发思考问题

具备强烈的以对方为中心的意识

演员的工作是离不开观众的，从内容的准备、技艺的磨炼到正式演出，演员们以观众为中心的意识贯穿始终。因为演出受不受欢迎、是成功了还是搞砸了都会以非常直观的形式表现出来，这迫使演员不得不重视观众。

其实，对学生和职员而言，道理是一样的，首先要有沟通对象，其次才能有对话，最后才会有沟通。只不过比起演员，大部分人以对方为中心思考问题的时候并不多，即便如此，哪怕只能达到演员一半的程度也是好的，请大家务必树立换位思考的意识。

要换位思考，应该先做到"双面思考"

培养换位思考能力的一种方法是进行辩证思考训练，考虑问题时不要片面地强调自己的主张和看法，应辩证地从对方的角度出发进行思考。例如，关于"禁止边走路边玩手机"的论题，无论自己多么反对这种主张，辩证思考时也要站在"赞成的一方"支持"禁止边走路边玩手机"。

辩证训练要求我们必须认真对待与自己意见相左的观点，这样才能逐渐培养"双面思考"的能力或"多面思考"的能力。

一旦养成"双面思考"的习惯，无论在工作中还是在生活中，我们都能在说话时兼顾多方，想问题时也能自然地从"以自我为中心"转变为"站在他人的立场上"思考。

拉近讲话者与听者之间的"时间感觉"

大家在听别人说话时，是否会有这样的感觉："这人一下子说半天，话太长了"或者"这人说话翻来覆去的，总爱重复"等。

大家不妨先测试一下"认为'话长'的人对说话时间的感觉"和"认为'长短正合适'的人对说话时间的感觉"。经过测试，很多人发现自己居然和别人一样，说话时间也偏长。我们就是在这样完全无意识的情况下将自己对说话时间的感觉强加于对方的。重视对方的时间感觉，树立相关意识是培养换位思考能力的又一重要方法。

在听别人说话时，人们往往很难认真地听到最后，大部分

人会在中途分心，你是否也是这样的？但是，说话的人并不了解
这一点，还以为对方在认真地听自己讲话，于是花费大量的时间
努力说得更细致。殊不知，听的人早已经在心里抱怨了，"快饶
了我吧，真是听腻了""不懂你想说什么，拜托把话说得简单一
点儿不行吗"。

为避免发生这种情况，我们有必要"将自己表述一个问题
的时长控制在 1 分钟之内"，如果能做到这一点，大家的表达能
力、传达能力将发生质的飞跃。

1.2
换位思考的益处

1.2.1　开始换位思考后，沟通技巧也将自然提升

通过换位思考学习反面教材

只要做到换位思考，表达能力就能明显提升。如果你想进一步做到简单且有效地表达，就需要同时加强"换位思考"和"技巧"两个方面的训练。

如图1-2所示，在换位思考时，我们会明白"应该这么做""不应该那么做"。从对方的角度出发，我们能注意到很多自己说话时应该避免的具体问题。

- 声音太小或语速过快 → 对方听不清楚，感觉很累

- 语速过慢 → 对方容易犯困

- 声音过大 → 令对方感到有压迫感

- 说话时间过长 → 对方抓不住重点，容易厌烦

- 说话内容未经整理，缺乏逻辑性 → 对方听不出哪里是
  重点

在听别人说话时，我们会很自然地发现上述问题，反过来讲，如果我们自己在说话时能有意识地避免上述问题，我们便掌握了一项重要的沟通技巧。

说话技巧与礼仪有相同之处。比如，当日本人发自内心地表达感激或真心悔过、诚挚道歉时，会不自觉地弯腰鞠躬。从技巧的角度来讲，最具诚意的礼仪动作是鞠躬 45°。同理，当你拥有强烈的换位思考意识后，自然就能掌握"应该这样做""那样做更好"等技巧。

这里所讲的技巧是"知识类记忆"，时间长了会忘记，但人们一旦掌握了其中的心意和心理基础，便会终生不忘。可以说，离开心意和心理基础的技巧只能是暂时性的东西。

语速过慢，对方容易
犯困

声音太小或语速过快，
对方听不清楚，感觉
很累

声音过大，令对方
感到有压迫感

说话内容未经整理，
缺乏逻辑性，对方
听不出哪里是重点

说话时间过长，
对方抓不住重点，
容易厌烦

图 1-2　说话时应该避免的 5 点事项

成为沟通达人的秘诀正是"心理"与"技巧"兼修。

1.2.2 会换位思考的人更能赢得对方的好感，沟通更顺畅

一般来讲，换位思考可以带来以下两个方面的效果：一种是相互关系方面的效果；另一种是沟通基本技巧方面的效果。

相互关系方面的效果

一般来讲，当对方设身处地地站在我们的角度思考、用心照顾我们的情绪、耐心地倾听我们诉说时，我们会对对方产生好感。比如，我们会觉得"他真是个好人"。换成我们自己时，也是同样的道理，我们应该首先博得对方的好感。

换句话讲，相互关系方面的效果中包含了两种效果——施加给对方的效果和给自身带来的效果，如表 1-1 所示。

表 1–1　相互关系方面的效果

两种效果	具体内容
施加给对方的效果	• 给对方留下好印象 • 使对方更理解和接纳自己 • 人际关系得以改善 • 使对方信任自己
给自身带来的效果	• 自己能兼顾对方的感受，更深入地理解对方的所思所想 • 既站在自身的角度又站在对方的立场上，能思考得更全面、更到位，掌握双面思考和多面思考的能力 • 不再以自我为中心，对方能把自己的话听进心里

沟通基本技巧方面的效果

接下来，我们将从以下 3 个方面了解换位思考的效果。

1. 沟通内容方面的效果（获得对方的理解和认可）

在沟通过程中，讲话者所表达的内容不再一味地以自己为中心，而是同时考虑对方的感受，因此，对方更容易理解和接纳自己。

讲话者一旦意识到"应该把话说得方便对方理解"，他们自然就会朝着这个方向改善自己的表达方式，让沟通内容更易于对方理解。

2. 态度和表情方面（外在因素不再对内容产生干扰）

"对方怎么看自己？"这种意识一旦建立，讲话者更容易给别人留下更好的印象。

在沟通过程中，讲话者应避免给人留下"这个人目空一切""这个人没有自信"等印象，并尽可能使所讲内容简洁易懂，从而实现有效沟通。

3. 音量和语速方面（不会漏听或产生误解）

出于为对方着想的想法，讲话者应选择合适的音量和适当的语速与对方沟通。这样，对方会感觉很舒服。

如果听者能够集中精力听自己说话，就可以减少漏听、产生误解等情况。

在沟通过程中，讲话者是以自我为中心还是以他人为中心，这将在很大程度上影响沟通的效果（见表1-2）。请大家使用表1-2进行自我诊断。

表 1-2　沟通基本技巧方面的效果

效果要素	说话时，以自我为中心	说话时，以别人为中心
内容	只考虑自己的内容	为对方着想的内容
	内容多且啰唆	内容简洁，逻辑性强
态度	缺乏自信	态度得体
表情	面无表情或情绪不高	保持微笑，情绪高昂
音量	声音太小，别人听不清；声音太大，令别人感到有压迫感	声音大小适宜，吐字清晰
语速	语速太快	语速适中、冷静地说
节奏感	缺乏停顿，平铺直叙	抑扬顿挫，富有激情

1.3
养成换位思考的习惯

1.3.1　人都是以自我为中心的

沟通时若只片面地强调自己，有百害而无一利

　　日本曾有过这样的时代，丈夫回家后坐到桌边，只需说一声"那个"，妻子就会把茶端到他的面前；只说一句"接下来"，妻子便会把报纸递到他的手上。这已经是很久以前的事情了，在现在的日本社会，如果丈夫还这样做，一定会招来妻子的一通数落："我又不是你肚子里的蛔虫，谁知道你说'那个''接下来'是什么意思，不会好好说话吗？真是只考虑你自己……"

　　然而，现在职场上依然存在这种现象。例如，很多上司会对下属这样说话。

上司：之前那件事……

下属：之前那件事？

上司：对对，就是之前那件事。

除了职场，这类以自我为中心的对话还经常发生在夫妻之间。接下来，我讲一件我的朋友和他的妻子在开车时发生的事。

我的朋友在开车，他的妻子坐在副驾驶座上，他的妻子指着自己一侧的窗外对他说："亲爱的，你看那边的花！"他从驾驶座上根本看不清那侧的花，于是说："我正在开车，往那边看是很危险的。"他的妻子听后有些不高兴，抱怨道："难得花儿开得那么漂亮，为什么你就不能看一眼呢？"（顺便说一句，他的妻子也有驾照。）

作为一种高等动物，人总是以自我为中心，即便他本无恶意。正因为如此，大家有必要充分认识到"人都以自我为中心"这一事实，然后坚持站在对方的角度考虑问题，这一点非常重要。

话虽如此，有人会说"我根本没时间为对方着想"。非常遗憾，如果你以自我为中心，那么你所说的话很可能让对方听不进去，之后你往往需要花费数倍的时间和精力说服对方，即所谓的"事后补救"。比如补充说明、进一步处理等，这类补救性工作会消耗你大量的时间和精力。

比起事后补救，事前换位思考所需的时间要少很多，更重要的是，这样做能带来积极的效果。请大家使用表1-3检查自己以自我为中心的程度。在表1-3的测试项中，如果你有3条及以上都符合，就说明你应该努力练习换位思考了。

表1-3 说话时以自我为中心的程度测试

测试项	是与否
本质上具有以自我为中心思考问题的倾向	
相信别人和自己想的一样	
认为自己不用细说对方也会明白	
认为只要内容好就行，说话时的动作、表情、神态等并不重要	
不能发觉对方已经心不在焉了	

1.3.2　制作讲话笔记，将自己说话时的坏习惯可视化

意识的力量是巨大的

以前，日本流行一种减肥方法——记录减肥法。这种方法非常简单，减肥者记录自己摄入的食物及其对应的热量数据，以期起到减肥的效果。

其实，记录减肥法是减肥者通过记录自己吃下的食物，强化热量摄入意识，从而加强节制。这种方法同样适用于沟通。请大家在日常生活中勤于记录换位思考后的效果，对没能换位思考的情况进行反思，以此提高自己换位思考的意识。只要加强意识了，说话时的心理准备、沟通技巧等会随之改善。

本章小结

① 换位思考是掌握沟通艺术的"捷径"。

② 不要只学习技巧，还要学习真正的沟通之道。

③ 在沟通过程中，之所以会出现啰唆、声音过小、语速太快等问题，根本原因是讲话者没有换位思考。

④ 能否换位思考决定了说话的改善效果。

⑤ 要做到换位思考，离不开"以对方为中心"的意识和"双面思考"的能力。

⑥ 换位思考后，沟通技巧也将自然提升。

⑦ 加强换位思考意识能使沟通能力得到飞跃式提升。

02

建立"1分钟"意识后，
想说的话一下子就能总结好

2.1
掌握"1 分钟说话法"

2.1.1　长话短说，谁都喜欢

1 分钟说话法的好处

　　我们从听者和讲话者两个角度来看"1 分钟说话法"有哪些好处。首先，1 分钟说话法可以有效地减轻听者的负担；对讲话者而言，这种方法操作简单、容易掌握。具体来讲，1 分钟说话法给听者带来的好处包括以下 3 个方面。

- 在日常工作和生活中，人们非常繁忙，喜欢别人长话短说。

- 简短的话更容易理解。

- 简短的话不会对听者的大脑产生负担，便于大脑有效开展理解、记忆等工作。

1 分钟说话法给讲话者带来的好处包括以下 4 个方面。

- 说话突出重点，并使之成为习惯。

- 培养正式沟通前先概述要点的习惯。

- 减轻准备工作带来的负担。

- 因为没有时间讲废话，反而让语言变得更简洁有力。

要掌握 1 分钟说话法，请先从最基础的地方做起。

从本质上讲，听者都是容易厌烦的

在听别人说话时，大家感觉时间过得快还是过得慢呢？当然，这主要由听者决定，但是我们一不小心就会忘记这一点，然后自作主张地"界定"时间。

我也是这样的，作为讲师，我在说话时从未感到厌烦，常以传授方法、交流信息的名义按照自己的时间感推进讲话的节奏。然后，等我突然意识到这一点，告诉自己"不该这样"时，我才会放缓语速，尽量简洁表述。然而，一旦我变成听者，听到对方冗长的表达后，我很快就会厌烦。从本质上讲，听者就是这样的。请大家一定记住，人们都喜欢听简短的表述。

有人在会议发言或讲话结束后会礼貌性地说一句"非常抱歉，我讲的不多"，其实只要把内容交代清楚就足够了，短并不是缺点。在培训班上，大家练习时也是如此。有人能在截止时间前早早结束讲话，赢得大家的一片掌声；有人说得很认真，讲得非常细致，却超时了，最后掌声寥寥。这与上学时大家都喜欢在下课铃响前提前下课的老师而不喜欢拖堂的老师是一样的。

请大家务必牢记"从本质上讲，听者都是容易厌烦的"，我们应该努力缩短说话的时间。

1分钟说话法的适用场景

下面这些场合非常适合使用1分钟说话法（见图2-1）。

- 日常交流（对话、拜托别人做一些简单的事情、请求、回答）。

- 公司内部的汇报、联系、会议。

- 会议上的讨论。

- 会议主持。

- 自我介绍。

在上述几种日常情景中，如果讲话者能有意识地将说话时长控制在 1 分钟之内，就会收到意想不到的良好的沟通效果。长此以往，讲话者也会越来越"会说话"。

1分钟能说多少话

一般来讲，1 分钟内讲 200 字左右，语速是正合适的，听者听起来也会感到很舒服。若 1 分钟内讲 300 字，从听觉效果来讲，语速过快了。如果说话总时长为 3 ~ 5 分钟，配合语气、语调的抑扬顿挫变化等，有时 1 分钟内讲 300 字也没有太大的问题。

直观一点儿来讲，1 分钟内能说的字数相当于 Word 文档中的 10 行（每行 20 字），或者单页能容纳 400 字的稿纸的一半。

通过测试培养时间感

人在讲话时，字数、停顿、语速等因素往往是纠缠在一起

公司内部的汇报、联系、会议

日常交流（对话、拜托别人做一些简单的事情、请求、回答）

会议上的讨论

自我介绍

会议主持

图 2-1　1 分钟说话法的适用场景

的，所以大家最好通过实际行动培养自己对讲话时间的感觉。例如，大家可以尝试使用读报纸的方法。

1. 确认自己的时间感觉是否准确

首先，准备好录音机或打开手机的录音功能；其次，读一段报纸，要读出声（读之前开始录音，不要提前数字数）；再次，感觉读够1分钟后停止录音；最后，确认实际录音时长。

你的时间感如何？自己的感觉与实际用时之间差得多吗？你的语速听起来舒服吗？

2. 确认语速

这次请大家提前在200字的地方做好标记，并使用秒表、计时器等提前设置好计时1分钟，然后开始读报。一般来讲，大多数人在读完200字后，时间还有富余。如果你超时，请不要气馁，反复进行练习，慢慢地你就能找到适当的语速，完美地在1分钟内讲200字左右。

2.1.2 只有简短的话能在人的大脑中留存

信息量与理解的难易程度成反比

人类的记忆容量存在个体差异，但这种个体差异十分有限。有时，如果要讲的话太多，人们会准备发言稿，边看稿边讲话。但是非常遗憾，听众并不能记住太长的讲话。

请大家谨记：信息量与理解程度成反比（见图 2-2）。

词组的威力强大

在简短的表述中，如果讲话者使用较多的词组进行表达，则更能给人留下深刻的印象。曾任美国总统的奥巴马在演讲时经常说"Change"，这个词给人留下了深刻的印象。

在广告界有这样的说法：在 15 秒的广告中，"只能传达一条信息，否则根本无法传达想要表达的信息"。

人越长大，话越长

有效沟通的一大诀窍就是用简洁的话陈述结论。一般来讲，孩子的讲话都很简洁。

简短的话	冗长的话
逻辑清晰（分开讲每件事）	这个也提，那个也说 （同时讲几件事）

·听者理解成本低 ·要点清晰、易懂 ·令听者印象深刻	·听者理解成本高 ·不好理解 ·不能给听者留下清晰的印象

图 2-2　简短的话好理解的原因

孩子：给我买一部手机。

父母：不行。

孩子：为什么不行？

父母：小学生不需要手机。

孩子：大家都有。

父母："大家"指谁？

孩子：A、B。

父母：其他人呢？

小学生的表述可能比较幼稚，但是清晰明了。高中生在说话时已经开始考虑各种因素了。

孩子：我打工攒了10万日元。

父母：做得不错！

孩子：我想用这笔钱和朋友去旅行。

父母：去哪儿旅行？

孩子：在此之前还要买辆自行车，钱有点儿不够用……

父母：为什么需要买自行车？

孩子：大家要一起骑车旅行。

父母：等考试结束后再说旅行的事……

从人的成长经历来看，我们都有越长大，说话越拐弯抹角的倾向。成年后，人们在陈述结论时的话都很长，而且不够明晰。

此外，日本人在说日语时总是"弯弯绕"，但在说英语时很简洁。我的一位前辈平时说话非常啰唆，但他在招待外国客人时的英语表达非常简洁，仿佛换了一个人，这让我大吃一惊。为什么会这样呢？其实，这与语种有关。日语的表达习惯本身就比较啰唆、隐晦，英语的表述习惯是直截了当的。从语言结构来讲，英语的谓语在前、宾语在后，这种结构使表述很清晰。同一个人在讲日语和讲英语时判若两人，那么显著的不同至今仍给我留下了深刻的印象。

习惯深思熟虑的成年人应该有意识地进行简洁表达。日语先宾语、后谓语的语言结构使表达不够明确，因此请大家务必强化先从结论说起的意识。

说话和泡好一桶方便面所需时间的关系

方便面刚问世时，广告上宣称"只需3分钟，就能做好"，当时的我对此感到很好奇，经常吃方便面。但是，当大家慢慢地习惯这种便利性后，又想：泡面的时间还能更短吗？于是，很多方便面厂家为迎合消费者的需求纷纷推出1分钟即食型方便面。但是这种方便面泡好后很容易坨成一块，人往往还没吃完，面已经坨了。方便面厂家一直未能找到有效的方法解决这个问题，后来这种方便面慢慢地退出了市场。

说话和泡面的时间都不会很短，但不同于厂家强行将泡方便面的时间从3分钟缩短为1分钟，说话讲究把每一分钟的话都说好，这样不管说3分钟还是说更长的时间，都不成问题。

2.1.3　话短了，别人对自己的评价就会高

只改变沟通方式就能让别人肯定自己的能力和为人

在我工作后的第三年，公司来了一位新主任 S，他的讲话经常让人摸不着头脑。我曾经为此感到非常痛苦。平时说话，特别是讨论问题时，S 喜欢说"总之，我想说的是……"但实际说出的内容根本不是总结性语言。相同的话翻来覆去地讲，偏偏还爱把"总之"挂在嘴边。

其实 S 自己心里也清楚，他说话啰唆，没能做到有效表达。有一次，大家一起喝酒，聊到形象问题，S 被别人以半开玩笑的态度奚落了一番。其实，S 的为人很不错，但是因为他的语言表达能力较差，慢慢地，人们甚至认为他的工作能力也较差。

与之相对应，被总公司派到工厂讲解实施方案的 M 总能用规定时间的一半就把事情讲完，剩余的时间留给大家提问题，他来解答。这样一来，他就能与大家进行充分的沟通。有一次，参会者有 15 人，会后，大家不但热烈地讨论了 M 所讲的实施方案，而且夸赞了半天他讲话方式简洁、明了。最后，M 讲解的实施

方案得到了有效执行。试想，如果 M 当时的讲话既啰唆又难懂，后续方案肯定不会那么顺利地被执行。

单凭说话这一点就大致能判断一个人的能力和为人，这是一个不争的事实，请大家一定牢记。此外，语言表达方式简洁但重点突出是杰出人士都应具备的一项素质，请大家对照图 2-3 进行自我检测，并努力锻炼简洁表达的能力。

2.1.4　沟通的效果与时长成反比

电视上的讨论节目是很好的学习素材

电视上的讨论节目是用来学习沟通效果与讲话时长关系的极佳素材。通过这些节目，大家不但能学会把握沟通时间，还能学会让自己的讲话更具逻辑性和条理性。我曾经实际记录过节目中嘉宾的发言时间，其效果如下。

- 简短、明晰→发言在 1 分钟左右

- 听者的注意力开始分散→发言超过 1.5 分钟

- 啰唆、冗长→发言在 2 分钟以上

整个讨论过程给人的感觉如上所述，当讨论接近尾声，主持人请大家"以一句话收尾"时，30秒内结束讲话的人给人一种"最后立足论点，观点明确"的印象；与之相对应，讲话超过1分钟的人给人一种"不知道他最想表达什么"的感觉。

为了让对方充分理解我们的意图，我们总是尽量把话说得更详细。但在收尾阶段，这种做法只能招致负面效果。人们倾向于认为花的时间越多，话讲得越明白，但有时情况正好相反，很多时候，沟通的效果与时长成反比。请大家务必从这一角度出发，多看些电视上的讨论节目。

在日常交流、汇报、会议等一对一或一对多的场合，如果大家能有意识地把每次的讲话时长都控制在1分钟之内，你与别人的交流将变得高效而顺畅。

原因
● 自身并不明白要说的话
● 想起什么说什么
● 没有长话短说的意识（认为进入正题前的铺垫和客套是必需的）
● 太在乎听者的感受，表述过于委婉
● 认为说话这种事谁都能行

对策（日常训练事项）
● 事先充分理解要讲的内容
● 学习如何取舍、整理、组织内容
● 充分认识到，人们喜欢听简短的话，讨厌冗长的话
● 转变观念，比起有所顾虑，有效的沟通才是真的为对方着想
● 对提前想到的情况做好充足的准备

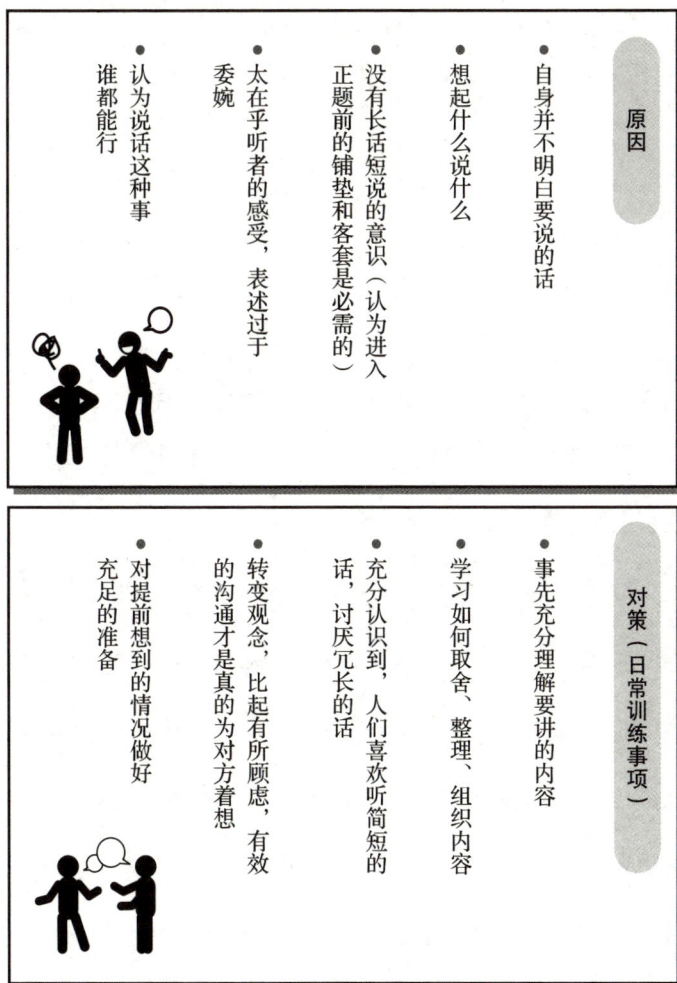

图 2-3　导致说话啰唆的原因和对策

2.2
1 分钟说话法的 3 种类型

　　具体来讲，1 分钟说话法可以分为 3 类，分别是简洁法、紧凑型三部分构成法和三角脚本法。

　　简洁法的基本结构是：寒暄语＋内容＋姓名，"内容"处在"寒暄"和"姓名"之间。紧凑型三部分构成法将简洁法中的"内容"部分细化为"点题""展开""总结"。该方法适用于日常沟通、演讲、商讨事情等场景。三角脚本法将简洁法中的"内容"部分细化为"想说的话""主要内容""理由、具体事例"。此方法适合在"会议发言""汇报、联系、讨论"等场合使用。3 种方法的关系如图 2-4 所示。

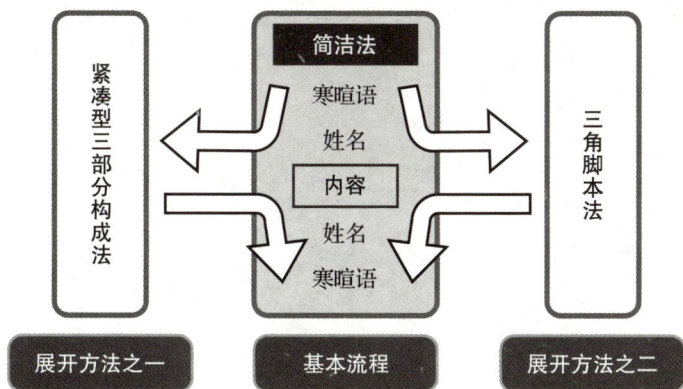

图2-4　1分钟说话法的3种类型

接下来，我们依次介绍以上3种方法。

2.3
简洁法

2.3.1　简洁法是 1 分钟说话法的基础

　　如字面所讲，简洁法强调表达简洁，不说啰唆的开场白，不做多余的铺垫。讲话者在开场就不说多余的废话，直接从"寒暄语"说起，报"姓名"后直奔主题，讲解内容，讲话结束时不设铺垫，再次报"姓名"，以"寒暄语"结束讲话。

　　使用这种方法，即便是"临危受命"需要发言，也能简单、明了地开始讲话、简洁收尾，从而给人留下好印象。

　　如前文所述，简洁法将"内容"夹在"寒暄语"和"姓名"之间，结构与三明治类似，因此这一方法又被称为"三明治法"

（见图2-5）。

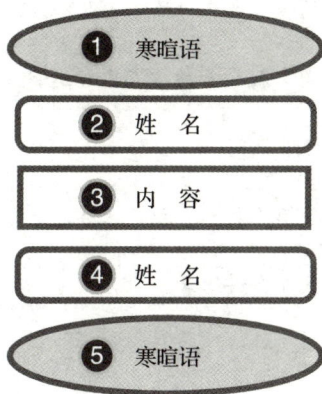

图2-5 "三明治法"图示

接下来，我们一起看一个使用简洁法主持会议的例子，简洁法的应用场景详见表2-1。

① 寒暄语

• 早上好！感谢大家今天一早参加本次会议。

② 姓名

• 我是本次会议的主持人山本。

③内容

- 今天的会议主要讨论3点内容，第一点是……

- 刚才大家就今天的3点内容进行了充分讨论，请问大家还有疑问吗？

- 好像没有人提出异议，上述3点已经得出结论，因此我宣布会议结束。

④姓名

今天的会议由山本主持。

⑤寒暄语

感谢大家的积极配合！

注：请大家根据具体场合灵活更换语言和措辞。

表2-1　简洁法的应用场景

	寒暄语	内容	寒暄语
对话	你好，今天的天气真不错。	你们是在一起旅行吗……	再见
例会	早上好！我是今天例会的发言人山本。	今天要与大家沟通两件事，第一件事是……	希望今天一切顺利……

（续）

	寒暄语	内容	寒暄语
报告	打扰了，我是森。	昨天的那件事情已经解决了……	不打扰了。
会议汇报	我是林，我有一项提案。	关于人员组织结构调整……	我讲完了。
说明会上的发言	大家好！我是××部门的上田。	接下来，我讲一下如何改进业务……	欢迎大家讨论、指正。
要点	短	简洁	短

2.3.2 简洁法的要点

1. 寒暄语

• 不必考虑从什么地方开始讲起，直接声音洪亮、语速适中地讲出寒暄语。

• 如此一来，自己能冷静下来。

• 跟别人寒暄时，对方也会回礼，从而成功地抓住听者的注意力，有一个愉快的开场。

• 寒暄语不仅包括"早上好""你好"，还要根据具体的对象和场合改变寒暄内容，根据需要也可以说"辛苦了""好久不见"之类的寒暄语。

2. 姓名

- 当听者是初次见面或很久没见过的人时，讲话者需要讲出自己的姓名。

- 即便与对方不是初次见面，寒暄之后讲出姓名的固定表达方式也能帮助讲话者有效避免"啊""嗯"之类不必要的口头禅。

- 清楚地报出自己完整的姓名，给对方以亲切感。

3. 内容

- 避免东拉西扯，明确沟通要点，简洁明了地表达要点。

  注：后文在介绍紧凑型三部分构成法和三角脚本法时会详细讲解这部分的内容结构。

4. 总结之一：姓名

- 再次报出自己的姓名，结束讲话。

5. 总结之二：寒暄语

- 寒暄时要带着真情实感，发自内心地感谢对方的倾听。

- 即使讲话过程中有个别发挥不好的地方，结束时也一定要冷静处理，尽量简洁明了，记住"漂亮地收尾就是全部"。

- 有时也会认为自己"说得很差""东拉西扯，不像预想的那样成功"，这时至少要漂亮地收尾。

在简洁法中，这种重视开头和结尾，将主要内容置于"寒暄语"和"姓名"之间的做法又被称为"画框效应"或"两端效应"。无论多么差劲的照片，一旦放进相框，看起来效果总是好很多。在简洁法中，寒暄语和姓名就相当于相框。

简洁开头、简洁收尾，大家多积累一些这样的成功经验，慢慢地，说话时也就不会紧张了。

简洁法是1分钟说话法的基本方法，请大家先从此方法做起。

2.3.3　反面案例之"含糊法"

我在综合电机公司上班时遇到过这样一件事。在由各公司代表组成的工作小组会议上，会议主持人讲道："接下来，请在场的各位简单地做一下自我介绍，首先，我们请 ×× 公司的 B 先生发言。"

事发突然，B 先生匆忙站起，做了如下的自我介绍。

嗯……突然被点名发言……其实我很不擅长在公开场合发言，不知道应该说点儿什么……嗯……我是静冈县人，工作是……不好意思，讲得不好，请大家多多关照！

非常遗憾，B 的讲话方法显然不得要领，请大家千万不要这样讲话。因为这样讲话不能做到有效表达和沟通，我称它为"含糊法"。

铺垫的话会拉长讲话的时长，铺垫的话过长，还会招致听者的反感。但是为什么人们偏偏爱说那些铺垫的话呢？主要有以下 3 个原因。

- 不知道从何讲起，所以干脆先聊聊自己忐忑的心情，导致讲话内容迟迟不能切入主题。

- 认为应该说点儿题外话做铺垫，否则自己的讲话会显得生硬、不够亲切。

- 没有形成适合自己的说话风格。

2.4
紧凑型三部分构成法

2.4.1　分三步介绍主题

"点题""展开""总结"至关重要

紧凑型三部分构成法将如图 2-5 所示的"内容"部分细分成 3 步，基本顺序是：点题 + 展开 + 总结。下面我们以在公司晨会上提出"集团内部的沟通问题"时的 1 分钟讲话为例进行说明。

晨会讲话（例 1）

晨会议题：关于集团内部的沟通问题

①　点题

早上好！我是今天的晨会发言人山本。

今天，我想和大家讨论一下集团内部的沟通问题。

②展开（具体事例）

W和I分别属于不同的部门，一天W扭过头去问旁边的I："之前我拜托你的那件事，还没收到回复……"I回答说："我已经给你发送电子邮件答复过了。"W听后不太高兴，嘟囔着说："我就坐在你的旁边，你不能直接告诉一声吗？"

③展开（主张、意见）

电子邮件使用起来非常方便，它的一大优点是不会打扰对方。从原则上讲，与物理距离远的人取得联系时，最好使用电子邮件，但是应该注意具体情况具体对待，根据实际情况决定是否使用电子邮件传递信息。

④总结

因此，我认为同楼层的同事沟通重要事情时应该直接当面交流，大家怎么看这个问题？

上述讲话点题 10 秒，展开 40 秒，总结 10 秒，每部分都是简短、紧凑的，因此，这种讲话方式很受欢迎。请大家千万注意，说话时不要东拉西扯，不要什么都想说，这是"贪多嚼不烂"的做法。

晨会讲话（例 2）

晨会议题：自己的安全，自己守护

①点题

早上好！

今天是 10 月 1 日，恰逢全国劳动卫生周开始之际，我想借此机会重申一下安全与卫生问题。

②展开

非常幸运，在我们公司并没发生过伤亡事件，也正因为如此，大家的安全意识并不强，认为一切是理所当然的。

设立劳动卫生周的目的在于提醒大家反思自己日常的所作所为，找出平时忽略的地方，创造一个更好的职场环境。

其实在我们的身边也有一些安全隐患。比如，不管不顾地把废旧打印机放在书架上，或者穿着鞋跟特别高的高跟鞋下台阶。稍不注意，这些举动都有可能致人受伤。

③ 总结

请大家以这次劳动卫生周为契机，认真检查自己的所作所为。此外，同事之间也要互相检查，确保公司的所有人都安全，万无一失。

2.4.2　最初的 10 秒决定一切

把握最初 10 秒的两大要素

在开始沟通时，最初的 10 秒对于吸引对方的注意力至关重要。在这短短的 10 秒内，讲话者应该重点把握好以下两大要素：一个是外表和印象；另一个是点题的方法。

在多数情况下，讲话者的兴趣点、所关心的事情与听者的关心点、所关心的事情并不一致，即便听者对讲话者的话感兴趣，他们能听进去的也仅限于讲话的开头部分。大家仔细回想一下自己听别人讲话时的状态，就能很好地明白这一点。一般来讲，听者很快就会对讲话者的话失去兴趣，讲话者才刚打开话匣子，听者已经"预感会很无聊"了。

最初 1 秒的影响力超乎想象

讲话者传递给对方的第一个物理信号就是外表。初次见面的两个人，会在最初的数秒内给彼此留下第一印象；若是彼此认识的两个人，双方则能在最初的几秒内迅速捕捉到彼此当时的身心状态。可以说，在人们开口讲话之前，语言以外的交流（非语言交流）早已经开始，请大家重视这一点。

第一印象对于后续沟通能否顺利开展会产生重要影响，因此，讲话者在最初的 10 秒内给对方留下一个好印象非常重要。

有一次，我在看电视时，只看了最初的 1 秒就笃定地认为"他一定是个很好的人，是个富有人格魅力的人"。那是一档寻人节目，学生通过栏目组寻找自己当年的恩师。当节目中的大门开启，寻找结果被揭晓的那一刻，老师站在门后。他默默地站着，没说一句话，但我看到他当时的表情和神态后就非常肯定地相信

"他一定是个很好的人，是个富有人格魅力的人"。

在最初的 1 秒内，拍摄现场的所有人仿佛吃了定心丸，一下子放心了。大家应该用好最初的 1 秒，真正地获得对方的好感。

有效点题

在实际沟通过程中，有效切入主题的方法共有 5 种。每种方法各有特色，请大家选择适合自己的一种或几种，反复练习。

- 态度和蔼可亲，努力博得对方的好感，拉近距离。

- 从与现场有关的话题讲起。

- 直接从结论讲起。

- 使用简短的小例子揭示主题。

- 从问题入手讲起。

在使用第 5 种方法"从问题入手讲起"时，我们无法预测对方的反应，因此可能遇到不好收尾的情况，请大家在充分了解这一点后恰当使用此方法。

点题案例

下面分别列举使用上述 5 种方法的具体案例。

（1）其实我也是某某地的人……

（2）我一进贵公司的大门，首先看到的就是前台亲切的笑容……

（3）直接从结论谈起的话，把话说好的关键正在于"换位思考"……

（4）我早晨看到这样一则新闻，新闻中讲到人在电脑前的时间已经超过了人与人当面交流的时间……（将话题引到提升职场交流活跃度的话题上）

（5）早上好！请问在场的各位有人吸烟吗？在接下来的讲话中，我计划每隔 1 小时留出 10 分钟的休息时间，请问："A 先生，这样安排可以吗？""F 先生，这样安排可以吗？"

在沟通过程中，最初的 10 秒至关重要，请大家不要让冗长的开场白毁掉这个关键阶段。

当讲话者想更明确地表达意见和想法时，与上面介绍的紧凑型三部分构成法相比，三角脚本法更为合适。三角脚本法的典型应用场景包括会议发言、口头报告、日常联系等。

2.5.1 以简单的形式表达意见和主张

三角脚本法的 3 个要点

如图 2-6 所示，以下 3 个部分构成了三角脚本法的基本框架，它们分别是：

（1）能用一句话概括的意见或主张（20 字左右）。

（2）主要内容（在 1 分钟内讲 1 ~ 2 点为宜）。

（3）理由或具体事例。

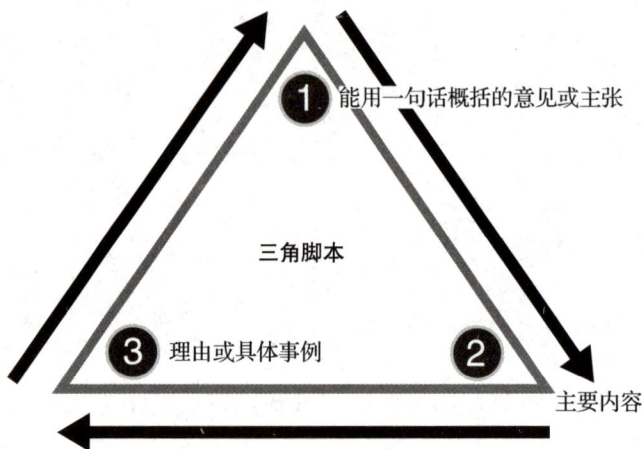

图 2-6　三角脚本法的 3 个要点

最后重申一遍第一点，总结前面的内容。通过这种方法，讲话者能阐明自己所要表达的意思。这种方法适用于会议发言。

"能用一句话概括的意见或主张"类似于报纸的概要，根据讲话内容和讲话场景的不同，有时也相当于"结论"。

我曾经连续 3 年给同一批人做培训，一年上一次课。在第一年学习过三角脚本法后，其中一位学员打算在自己的公司内大力推广此方法。他积极组织学习会，要求公司员工在会议发言时严格遵循三角脚本法。第二年再来上课时，那位学员告诉我：使用三角脚本法后，大家能更明确地表达自己的观点了；以前开会时，大家讨论半天，很难得出结论，如今能做到有效决策了；与之前相比，会议时长也缩短了。

在讲解紧凑型三部分构成法时，我列举了晨会讲话的例子，接下来，我把"晨会讲话"换成"职场会议上的发言"，讨论的内容依然是"集团内部的沟通问题"。

事例：会议上的1分钟发言

主题：集团内部的沟通问题

① 能用一句话概括的意见

用一句话概括我想说的，那就是"原则上，能见面沟通的都应该当面沟通"（16个字）。

② 主要内容

接下来，我想从同一楼层和不同楼层两个方面分别阐述自己对使用邮件传送信息的看法。如果对方与自己不在同一楼层，我认为这时应该使用电子邮件沟通；如果对方与自己处于同一楼层，原则上应该当面沟通，因为与同事面对面交流也是工作的一部分。

③ 理由／具体事例

我之所以认为同一楼层的同事应该面对面沟通，是因为之前发生过这样的事情。

W和I分别属于不同的部门，一天W扭过头去问旁边的I："之前我拜托你的那件事，还没收到回复……"I回答说："我已经给你发送电子邮件答复过了。"W听后不悦地说道："我就坐在你的旁边，你不能直接告诉一声吗？"双方的交流，火药味十足。

④ 总结：（再说一遍开始时讲过的"能用一句话概括的意见"，总结讲话）

在这件事情上大家存在分歧，所以我认为应该明确地告诉大家"原则上，能见面沟通的都应该当面沟通"。

大家体会到了吗？同样是在讨论"集团内部的沟通问

题"，从简洁程度、理解的难易度来看，使用紧凑型三部分构成法的晨会讲话与运用三角脚本法的会议发言大不相同。

在使用三角脚本法发言时，讲话者首先用一句话阐明自己的观点——"原则上，能见面沟通的都应该当面沟通"。这样一来，听者就能够明确了解接下来将听到什么内容，从而更加放心、精神集中地听下去。他讲的内容也能充分引起听者的共鸣，"确实如此……""最近这类事情确实不少……"诸如此类，为会议营造一种热烈讨论的良好氛围。

如果直接从具体事例讲起，难免让人感觉讲得太多，不清楚讲话者到底想说什么。内容完全一样的情况下，只调整讲话顺序，效果会天差地别。因此，讲话人要结合具体场景灵活组织讲话内容的结构，这一点非常重要。

事例：1分钟报告（一句话观点→结论）

我向大家汇报一下今天的工程进度。

① 结论

保证按计划完成今天的工程进度，但预计明天至少会减产半日的产量。因为库存充足，明天的减产不会对接下来的工程造成影响。

②主要内容

我对明天预计减产的情况做一下说明。自今天下午起，工程所需的部件停止供应，导致两项工程停工。基于这种情况，我们推测明天将减产半日的产量。

③理由/具体实例

之所以出现部件停止供应的情况，是因为运送部件的货车在高速公路上发生了事故，现在部件滞留在高速公路上。我们已经安排其他车辆火速赶往现场，预计部件今天晚上送达。明天早晨，两项工程都能恢复正常作业。

请大家多多尝试，找到与自己的思考和方法相协调的表达方式。

2.5.2　没有思路怎么办

"演讲转笔刀"（Speech Sharpener）能有效刺激思考

大家是否遇到过这种情况？下周要在众人面前讲话，但是自己准备起来一点儿思路都没有，或者刚开始考虑怎么讲没多久，中途又被别的事情打断思路。在我的印象中，年轻时也曾为准备一段3分钟的演讲而花费好几天的时间。

下决心着手准备需要时间，考虑内容也需要时间，我们经常做着做着就没思路了。这种时候，"演讲转笔刀"就能派上用场。

野村进在其著作《调查技术与书写技术》中介绍过"写作转笔刀"（Pen Sharpener），我从中获得灵感，将"转笔刀"（Sharpener）一词引入沟通领域。

根据野村进在其著作中的解释，所谓演讲转笔刀，是指为了找到写文章的感觉，在动笔写之前所读的文章。明明要在众人面前讲话，却迟迟静不下心来准备或总结不好讲话的内容，在这种情况下，我们应该借助资料完成准备工作。我将人们为准备讲话而读的书和资料称为"演讲转笔刀"。

我现在所使用的"演讲转笔刀"是从自己喜欢的众多图书中挑选出的 10 本书的目录复印件。

在准备讲话的过程中没有思路时，我并不着急，我会随意翻翻资料、让大脑放松一下，这样做的效果反而很好，能够让我迅速进入状态，整理出思路。如果这样做后依然没有思路，我会选择出去散散步或睡上一觉。

本章小结

① 简短的讲话受欢迎，冗长的讲话招人烦。

② 在会议上发言时，应注意将每次讲话控制在 1 分钟之内。

③ 信息量与理解难度成正比。

④ 再次强调词组的威力。

⑤ 沟通效果与时长成反比。

⑥ 在讲话的开场部分使用简洁法可以使讲话内容更易于别人理解。

⑦ 紧凑型三部分构成法分为 3 步：点题、展开、总结。

⑧ 如果想把讲话的逻辑关系阐述得更清晰，应该使用三角脚本法（结论优先）。

03

不同场合下的沟通方法

3.1
不同场合，沟通的要点各不相同

在我们的日常工作和生活中，除了那些能简洁表达的内容，有时不可避免地需要沟通一些信息量大、内容复杂的事情，怎样才能以一种简单易懂的方式将这些复杂的内容讲清楚呢？

本章我将教大家如何有效组织语言，把3分钟以上的"长话"讲清楚、说明白。不管内容有多长，我们都要以简单易懂的方式说给对方听，这一点是不变的。但是在讲长话时，与1分钟以内的短话相比，讲话者需要更好地整理沟通内容、充分把握沟通时的情况。

首先，我们看一下在不同场合使用什么沟通方法最合适。

3.1.1 沟通方法的 5 种功能

沟通方法所起的作用可以大致分为以下 5 种。

- 友善功能：构筑良好的人际关系。

- 共情功能：站在对方的角度，换位思考。

- 理解功能：让对方听得明白、听得轻松。

- 接受功能：让对方发自内心地接受。

- 说服功能：促使对方产生某种意愿或冲动。

上述这些作用分别适用于哪些场合呢？接下来，我们结合交谈、说明、演讲、推销等不同场景，具体讨论在不同场合中的沟通要点。

交谈

在交谈场合，上述 5 种作用中的友善功能和共情功能是核心。比如，大家在寒暄或日常交谈时，沟通的要点在于是否通过沟通维持了良好的人际关系、双方是否做到了认真倾听，是否把对方的话听进心里，并恰当应答。

如果讲话者不注意这些要点，与人交谈时不懂倾听，一味地强调自己的主张，否定对方的想法，那么他的人际关系只能变得越来越糟糕，最后甚至连日常交谈都进行不下去。

说明

在说明场合，理解功能和接受功能是核心。我们在工作中下达指示、进行报告或针对产品做说明时，首先需要让对方接收并理解自己所发出的信息。比如工作中下达指示时，沟通的要点在于讲话者应该用简单、易懂的语言向对方做出明确的说明，讲清楚目的、理由、背景等。

如果讲话者在做指示时过于在乎人际关系或对方的感受，从而不把指示讲明白，表述含含糊糊，或者认为即便自己不明说对方也能领会，那么他就不能有效地完成向对方的信息输出。

演讲

在演讲场合，共情功能和理解功能是核心。在结婚典礼上致贺词或在联欢会上发言时，比起讲一些对方必须理性分析才能听明白的高深内容，"这位上司的致辞讲得真好"这类能调动听者感性思维的讲话会更成功。在演讲场合，这么做才能抓住沟通的要点。

推销

在推销场合，接受功能和说服功能是核心。在向别人阐述计划或推销系统时，讲话者应把握的要点是让对方充分理解自己的讲话内容，把自己的话听进去。比如，让对方接纳自己的计划，或者促使对方决定采用自己的系统等。

M原本很擅长推销，但一直没有获得订单，为此他的上司专门向客户咨询了M丢单的原因。客户反馈说："M的推销说辞一听就能明白，内容本身很不错，可惜缺少了针对现场情况的具体分析和应对，或者说没能传达出他的工作激情，这点非常可惜。"可以说，M没能说服对方。只要大家把握好不同场合的沟通要点，有针对性地组织好讲话的内容，什么场面都不足为惧。

3.1.2　各种场合下的沟通要点汇总

如上文所述，在不同场合中的沟通要点可总结为友善、共情、理解、接受和说服。比起不分场合、盲目乱讲一通，讲话时根据不同的场合和目的，有意识地突出沟通要点，才能收到良好的沟通效果（见图 3-1）。

①交谈　友善功能
　　　　共情功能

③演讲　共情功能
　　　　理解功能

②说明　理解功能
　　　　接受功能

④推销　接受功能
　　　　说服功能

图 3-1　不同场合的沟通要点

3.2
讲好复杂内容的 5 大前提

通常，当信息量比较大时，需要表达的内容会更复杂。这时，如果不能对内容加以有效整理，沟通将很难顺利进行。那么，如何才能把话说得让对方听得轻松、明白呢？

要把话说得让对方听得轻松、明白是有前提的。在整理说话内容时，讲话者应该充分意识到下面的 5 大前提。

- 充分理解自己要讲的内容。

- 清楚自己的沟通对象是谁，要与对方说什么。

- 梳理讲话内容的顺序。

- 主题（想说什么）要明确。

- 讲话内容要符合对方的理解程度，用对方能听懂的话表达。

3.2.1　充分理解自己要讲的内容

要把话说得让对方听得轻松、明白，第一个前提就是讲话者必须充分理解自己要讲的内容。如果讲话者对自己要讲的内容都一知半解，就无法向别人讲清楚。

如果讲话者对自己要讲的内容非常了解，就不会有太大的问题，但是下面这类情况有时也会不可避免。比如，讲话者根本没有充足的时间去消化、理解自己要讲的内容就要开讲，或者讲话者自认为理解了，实际上对讲话内容一知半解。

像这样，当他硬着头皮讲话时，往往会感觉自己没能把事情说清楚，于是想方设法加以补充，到头来越说越乱，画蛇添足。明明讲了更多的话，讲了更长的时间，对方却越听越不明白，自己的讲话变成东拉西扯（见图3-2）。

如果讲话者对自己要讲的话不能做到充分理解，就没有办

图 3-2　如果讲话者对自己要讲的内容都没能充分理解

法让别人听得轻松、明白。这听起来是理所当然的，但是我依然要强调这一点，请大家务必在深刻理解的基础上再开口讲。在沟通过程中，一知半解、自以为懂了实际并不懂是大忌。

前段时间，我打算更换手机资费套餐，于是分别向 A 公司和 B 公司进行咨询。两家公司的工作人员都热情地向我做了介绍，但是因为条件、优惠政策等内容相当复杂，最终我也没听明白。

两家公司的工作人员都熟练地向我介绍了他们所在公司的主打产品，但当我问起自己关心的项目时，对方的回答却模棱两可，与之前的流利应答形成强烈对比，让人感觉很不舒服。

他们在简单地回答完我提出的问题后试图将对话引向他们擅长的领域，全然不顾所讲内容是不是我想听的，我关心的问题并未得到有效解决。当我再次提问时，对方只是简单地重复之前说过的话，并没有进行更具体、更详细的解释。

大家是不是也会在不理解讲话内容时做出下面这些反应呢？他山之石，可以攻玉。请大家一定引以为戒，在充分理解后再开口讲话。

- 反复重复相同的话。

- 转变话题，讲自己擅长的东西。

- 表现出动摇、不确定的神情。

- 表情僵硬。

此外，也有这样一类人，他们不管自己懂不懂都能非常肯定地给出答案。有一次，我在家电卖场向店员反映录音笔存在噪声问题，店员是这样回应的。

> 店员：这很正常，录音笔会自动收录所有声音，噪声
>
> 自然也包含在内。
>
> 我：为了不录进噪声，我特意把话筒堵上了，但是依
>
> 然有噪声。
>
> 店员：这很正常，哪个机型都这样。

其实，店员并没有弄清楚我提出的问题，却底气十足地回答"这很正常"，当时我心想"算了吧"，直接放弃沟通了。

在这个案例中，不充分理解讲话的内容不但使讲话者没能有效表达，还直接导致了沟通中断。

3.2.2 清楚自己的沟通对象是谁，要与对方说什么
明确沟通的对象和目的

要把话说得让对方听得轻松、明白，第二项前提是清楚自己的沟通对象是谁，要与对方说什么。例如，有人拜托你"向刚

进公司半年的新员工分享自己的经验"，此时首先要弄清楚"对谁""讲什么"。

明确"对谁"

在上述案例中，对象是"新员工"，"对谁"这一点看似很明确，实则不然。进一步了解情况后你会发现，对方希望你从工厂的角度出发，向总公司销售部的新员工讲讲工厂对销售部的期待。

如此一来，"对谁"这一点的答案就发生了变化，对象不再是简单的"新员工"，而是"总公司销售部的新员工"这类更具体化的人。进一步讲，如何定义新员工将进一步影响沟通对象的内涵。是站在整个公司的高度把新员工看作肩负销售部未来希望的新人，还是只从工厂的角度出发把新员工看作抱怨的对象，讲话内容将因此大不相同。

若只是将讲话简单地理解成与新员工分享经验，这次沟通将不能达到对方期待的效果。如果沟通对象不明确，讲话内容也将含糊其词，很可能讲话内容冗长，听者又不得要领。因此，弄清楚"对谁"讲话这一点非常重要。

明确"讲什么"

在明确沟通对象之后，讲话者还要进一步明确"讲什么""从什么观点出发""从什么开始切入主题"等，这些都需要在讲话前想明白。

"讲什么"不明确的话，观点就不明确，讲话者可能会讲着讲着跑题，最后变成东拉西扯。

3.2.3　梳理讲话内容的顺序

想让讲话有逻辑，顺序是关键

要把话说得让对方听得轻松、明白，第三项前提是梳理要讲的内容，清楚地把握沟通内容的结构关系。讲话者应该按照沟通要点的顺序进行说明。

把想说的内容写下来

讲话者可以先进行头脑风暴，把想说的内容直接写下来，此时不用梳理逻辑关系。记录时，最好分别写在小纸条上，而不是把所有内容一股脑儿写在一张纸上，分别写在小纸条上方便后续进行分类。

整理讲话内容的层次

讲话者可以将自己随机想到的各点看作图 3-3 中的三级内容，然后按照类别、重要程度等标准对三级内容进行分类，并根据需要适当增加或删除部分内容，最终得出二级内容和一级内容。

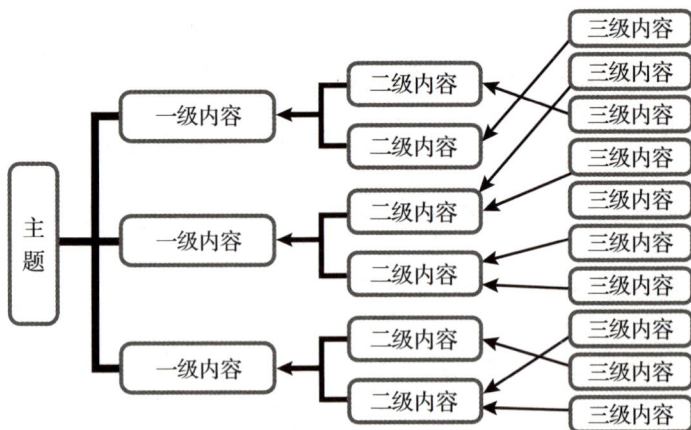

图 3-3　讲话内容的层次图

明确主题（想说什么）

一级内容整理出来后，讲话者基本就能用 20 字左右概括出讲话提纲了。讲话时，讲话者将整理出来的内容按照图 3-3 中从左到右（主题 → 一级内容 → 二级内容 → 三级内容）的顺序逐渐深入细化。这样，讲出来的内容就能让对方听得轻松、明白。

明确理由和依据

通过整理各级内容，简洁且富有语言逻辑的讲话内容已经初步准备就绪。此后，讲话者还需要加强对论点的论述，回答"为什么这样想"，引用"支持该观点的数据和具体事例"，以此消除听者心中的疑惑和不解。把支持自己观点的论证材料准备充足后，讲话的整理工作才算真正完成。

3.2.4　主题要明确

要把话说得让对方听得轻松、明白，第四项前提是主题要明确，即能用"一句话"表达诸多想说的话。

主题就像新闻提要或宣传语

如果讲话者能将 3 分钟以上的内容（约 600 字）压缩到 20 字左右，就会极大地提升讲话内容的易理解程度。在我们身边，最常见的是将数千字的内容概括成极短表述的例子就是新闻提要。大家早已习惯了新闻提要的存在，认为它是理所当然的事情。如果大家在讲话时也能树立"新闻提要"的意识，沟通的效果将会得到极大的改善。

据说体育类报纸都是先准备好新闻内容，在最后时刻才确定新闻提要的，新闻提要（主题）直接影响着报纸第二天的发行数量（见图 3-4）。

图 3-4　如果报纸没有了新闻提要，谁还愿意读报纸

除新闻提要之外，广告语、宣传语等与主题也有相似之处。比如，2020 年东京奥运会和残奥会的宣传片中播放的"TOKYO 2020"（东京 2020）宣传语即为一例。正式的赛事愿景原本是"体育拥有改变世界和未来的力量"，但是"TOKYO 2020"（东京 2020）能够更好地展现东京与日本面向 2020 年奥运会努力时的一体感。

在一般情况下，期刊封面上会罗列内容提要（主题），读者在阅读期刊内容时，可以多次返回封面查看。但是讲话就不一样了，听者不能像读期刊一样多次返回去找主题，这就要求讲话者必须注意，不要罗列多项主题。

简洁表达也能从侧面证明讲话者对讲话内容进行了紧凑化梳理。除了给讲话全文梳理主题，讲话者还应该给各级内容分别添加主题，这样能让听者听得更轻松、更明白。如果在说明会上这样做，不少听众可能会抱着"听听看"的想法继续听下去。

请大家养成习惯，先用一句话概括全文，然后在后面的展开叙述中为各级内容分别加上主题。这个习惯一旦养成，大家将能明显地改善自己的表达效果。

事例：将主题压缩成一句话

前文已经讲了主题的内容和重要性，但是部分读者可能依然感到困惑：具体应该怎样操作呢？接下来，我们以一段与"环境问题"相关的讲话为例，具体看一下怎样用一句话把主题表达好（见图3-5）。

1.将自己要说的话先大致写出来

为了弄清楚应该基于什么论点进行讲话，讲话者应该先把自己意识到的问题、自己的主张写出来。举例如下：

- 环境问题非常重要。

- 全球气候变暖已成为现实问题。

- 导致全球变暖的主要原因是二氧化碳的排放量超标。

- 企业少有作为。

- 政府的工作力度不够。

- 全球共识的达成进展缓慢。

话太长容易引起对方的厌烦

说话方式简短有力、主题清晰，对方更愿意听

图 3-5　没有主题的讲话让人费解

- 想为后人留下良好的环境。

- 有没有把自己的责任推卸到别人的身上？

- 为了减少二氧化碳的排放量，我们可以做些什么？

- 我们所做的还远远不够吗？

2. 根据写出的内容，思考以什么样的论点进行说明

前文罗列出的内容小至个人、大到国家甚至世界，涉及的范围非常广，包含很多论点。接下来，我们需要对内容进行整理，缩小论点的范围。

仔细分析罗列出的内容，我们不难发现，这些论点大体可以概括为"需要国家和国际层面出台措施"和"个人该做的事情还没有做到位"两大论点。

3. 决定论点和讲话内容

讲话者应该针对"需要国家和国际层面出台措施"和"个人该做的事情还没有做到位"两个论点，思考自己想说哪个，然后决定以哪个作为自己讲话的主要论点。

4. 把想说的话浓缩为一句话（20 字左右）

假设讲话者决定以"个人该做的事情还没有做到位"为论点，一句话主题可以这样说：

> 保护环境是每个人的责任，请大家以身作则，从我做起。（22 字）

如果讲话者决定以"需要国家和国际层面出台措施"为论点，一句话主题则可以这样说：

> 个人的努力作用有限，需要各国政府做出切实的努力。（22 字）

用 20 字左右概括 3 分钟以上的内容，刚开始实践时，大家可能会觉得这很难，但是就像上面两种观点展示的那样，侧重点不同，论述内容也会完全不同，因此，明确论点非常重要。明确自己观点的立足点，养成用一句话概括主题的习惯将让你在很多场合受益。

要用一句话概括主题，不能只靠想，落实到文字上才是关键。在书写的过程中，原本模糊不清的东西会逐渐清晰，论点也会逐渐浮现。

向松尾芭蕉和夏目漱石学习怎样用一句话概括主题

前人的作品中也有类似主题的东西，松尾芭蕉的《奥之细道》①开头部分即是一例。

月日者百代之过客，来往之年亦旅人也。

这句话是《奥之细道》的开篇语，可以解读成诗人在向读者交代"用一句话概括我接下来要说的话，那就是'日月如百代过客，去而复返，反而复去'"。

此外，夏目漱石所著《草枕》的开篇语也是一例。

一边在山路攀登，一边这样思忖。

---

① 本书是日本作家松尾芭蕉创作的散文集，记述了松尾芭蕉与弟子河合曾良于元禄2年（1689年）从江户（东京）出发，游历日本东北、北陆至大垣（岐阜县）为止的见闻。——编者注

发挥才智，则锋芒毕露；凭借感情，则流于世俗；坚

持己见，则多方掣肘。总之，人世难居。

《草枕》的开篇语比《奥之细道》的开篇语长，但是它很好

地展现了整篇文章的思想。我至今仍清楚地记得自己在高中时兴

致盎然地背诵这些作品的情景。

如果我们也能在讲话的过程中很好地表达主题，进行简洁、

易懂、令人印象深刻的沟通也并非难事。

3.2.5　讲话内容要符合对方的理解程度，用对方能听懂的话表达

理解程度因人而异

要把话说得让对方听得轻松、明白，第五项前提是根据听

者的理解程度灵活表述自己准备好的内容。面对不同的沟通对

象，随机应变非常重要。特别是与初次见面的人说话或面对很多

人讲话时，更需要掌握对方的情况。

不顾对方的实际情况（性别、年龄、经历等）和理解程度，

单纯地按照自己事先准备好的内容进行沟通并不可取，希望大家千万避免犯这种错误。例如，因为电话分机出现故障，我给客服中心（SC）打电话。

> SC：请切断母机和分机的电源，30秒后重新插上。
>
> 我：我这么做了，不管用。
>
> SC：那可能是其他原因导致的故障，请您试着再次切断电源，重启设备。如果依然不管用，请再给我们打电话。
>
> 我：还是不管用。把母机和分机的电源线从插座上拔掉就可以吗？
>
> SC：不是，请把分机内的电池取出来。
>
> 我：因为你之前让我切断分机的电源，我就把它的电源线拔了。应该把分机打开，取出里面的电池才对，是吧？
>
> SC：对，是这样的。

在客服中心看来，"切断电源"意味着"如果是母机，就拔掉电源线；如果是分机，就不是拔掉电源线，而是取出它的电池了"。

客服人员确实在按照操作规范指导顾客，但是如果我当时没有进一步确认"把母机和分机的电源线从插座上拔掉就可以吧"，客服人员很可能会处理成"切断电源后依然不管用的话，那么请您申请修理"。

自己的理解程度与对方的理解程度不尽相同，讲话者应该充分认识到这一前提，在说话时，明确定义、加以补充、及时确认非常重要。

3.3
简洁法

3.3.1　基本思路

1 分钟说话法的架构

　　大家在掌握了 1 分钟说话法的基本架构后，在面对更多的内容时也可以使用此方法。讲话者应牢固树立"一次发言 1 分钟"的意识，适当扩展讲话的内容，就能把时长 3 分钟的话说得很明白。当你需要说 3 分钟以上时，使用该方法的大致架构如图 3-6 所示。在讲完 1 分钟后，讲话者还可以针对对方感兴趣的内容、自己想重点表达的内容等做深度挖掘，多讲一些，这样做能够使听者更深入地理解和接受讲话者的观点。

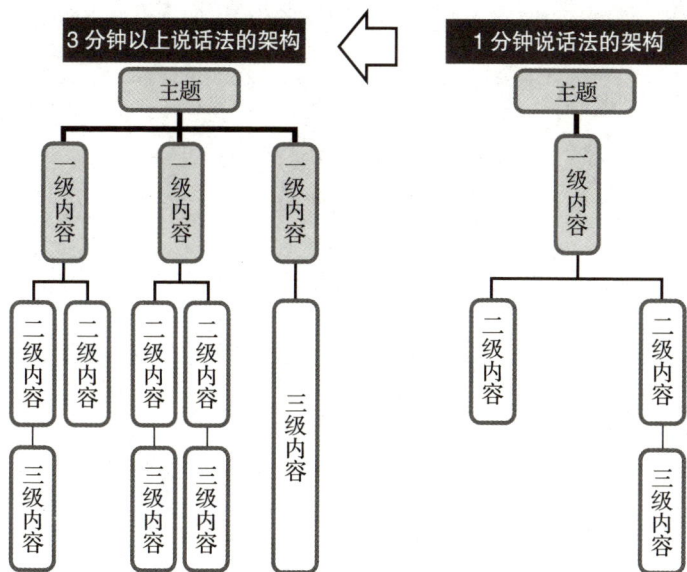

图3-6　1分钟说话法的架构与3分钟以上说话法的架构

从另个一角度来讲，比如有一份耗时5分钟以上的讲话内容，但是讲话者只有1分钟的讲话时间。这时，我们就可以先把原本需要5分钟讲完的内容精简到3分钟讲完，然后再进一步筛选最想表达的内容，将内容压缩到1分钟以内就能讲完。

如何根据具体场合、限定时间灵活运用上面两种架构，让自己的讲话发挥最大功效呢？接下来，我来介绍3项技巧。当

然，讲话时也需要使用第 2 章中介绍的"简洁法"，做到简洁开
场、简洁收尾。

3.3.2　3 项技巧让听众听得轻松、明白

　　针对不同场合和不同沟通内容，大家可以灵活运用内容先
行法、四部分构成法、AREA 法，接下来，我们对这 3 种方法进
行详细说明。

3.4
内容先行法

3.4.1 按照从整体到局部的顺序展开

当需要沟通的信息量比较大时，应该按照什么顺序、从哪里讲起呢？

所谓内容先行法，是指按照主题 → 一级内容 → 二级内容 → 三级内容的顺序依次推进讲话的方法。首先，讲整体（主题、一级内容），然后再深入讲局部（二级内容、三级内容），这样讲出来的话富有逻辑性和层次感，对方也能听得轻松、明白。

我在讲课时发现，有些学员在实际练习中，好不容易才搭建好内容，却选择按照从细节到主题（从局部到整体）的顺序讲。

我向他们询问理由，有人回答"因为提前构思了要讲什么，感觉按照当时思考的顺序组织讲话最容易"，还有人说"我认为先介绍背景、状况等细节信息，对方能听得更明白"。

多说一句，从细节 → 经过 → 具体事由 → 具体现象讲起的方法被称为"故事展开法"。比如，电视剧的剧情发展就是故事展开法。与之相对应，从主题到细节（从整体到局部）的讲话方法被称为"内容先行法"。

内容先行法的要点在于：在组织内容阶段，讲话者应按照"从局部到整体"的顺序组织内容，但是在向别人讲解时，应按照"从整体到局部"的顺序讲。

电视剧往往使用故事展开法，如果电视剧的第一集先交代结果，就会使故事失去悬念，令观众感觉索然无味。但是当你需要向别人有效传递信息时，如果选择故事展开法，事情很可能讲不明白，对方听着也费劲。在谈工作时，我推荐大家使用内容先行法。

例如，假设工作中出现问题，M 使用故事展开法汇报情况：

"最近两天大家分头行动查找原因，最初怀疑是 × × 问题，但调查后发现并不是。然后，我们又调查了……"

如果我是听者，很可能会打断 M 的汇报，对他说："M 先生，详细的经过回头再说，现在情况怎么样了？请直接从结论说起。"

在这种情况下，如果讲话者先从结论讲起，效果会更好。比如 M 可以这样说："首先，我汇报一下结果：10 分钟前，故障已经排除完毕。导致本次故障的原因有两个，一个是操作失误，另一个是零部件老化。至于具体情况……"

3.4.2　使用编号标签法预告内容

当我们按照从整体到局部的顺序讲话时，如果能像"导致本次故障的原因有两个，一个是操作失误，另一个是零部件老化"这样提前预告一级内容，并且给它添加主题，听者就能在脑海中梳理出清晰的逻辑关系，从而听得更轻松、更明白。这种方法被称为"编号标签法"（Numbering Labeling）。

在听别人讲话时多留心，我们不难发现，大部分擅长沟通的人都很好地运用了编号标签法。如果讲话者使用编号标签法讲话，听者在做笔记时会更省力，也更容易记住和理解笔记的内容。请大家逐步培养使用编号标签法组织讲话的意识，让自己说出的话更便于别人记笔记，使听者更轻松。

四部分构成法

3.5.1 开头和结尾应该是"结论"

四部分构成法是一种按照结论→绪论→本论→结论的顺序组织讲话的方法。前文讲过紧凑型三部分构成法，四部分构成法正是由此发展而来的。

就要准备的内容而言，四部分构成法与紧凑型三部分构成法是一样的，具体包括绪论、本论、结论。但考虑到讲话内容较长，铺垫的话说太多容易弱化结论，所以四部分构成法强调开头和结尾都要讲结论，以便对方听得更明白。

提到四部分构成法，大家往往会想到"起承转合"，但由于我们在日常对话、说明、汇报等场合所说的话，很多并不适用于"起承转合"，所以作者对此不作赘述。

上学时，我遇到要写报告、论文等情况，都是照着前辈的范本写，基本上套用绪论→本论→结论的结构。形式上，一般呈现为前言→本论→结语，顺序编排总是固定的，我当时认为报告、论文就应该按照这种模式写。

如今回头看才发现，这种模式对我的影响根深蒂固，我不但写论文时如此，就连日常沟通也是按照这种顺序进行的。

我在学生时代形成的这种思维定式一直延续到工作中，印象中，我的上司曾经说我写的报告很难懂。

3.5.2　内容要点

接下来，我简单介绍一下开头结论＋绪论＋本论＋结尾结论的要点。

开头结论

结论的表现方法会因为场合、内容的不同而有所不同，但基本可以用以下形式展现。

- 说明主题，引出绪论。

- 提前交代本论中的关键词，激发对方对绪论、本论的兴趣。

绪论

绪论的作用在于引出本论。

- 从与当时场景相关的话题或与讲话内容相关的话题讲起。

- 从身边的话题性事件或具体事例（自身经历、听来的消息等）讲起。

- 预告一级内容，为本论做铺垫。如果是演示文稿，就直接展示目录。

本论

将本论的内容归纳为 3 ~ 5 项，每项内容用 1 分钟或 3 分钟加以说明，可以使用前文介绍的方法。

结尾结论

最后进行总结时可以使用以下方法：

- 重申已经讲过的主题（想说的话）。

- 汇总本论中的关键词。

- 感谢对方的倾听，收尾。

3.6.1　结论要明确

在欧美国家，人们普遍使用 AREA 法组织讲话内容，AREA 是 Assertion（观点）、Reason（理由）、Evidence or Example（论证或举例）、Assertion（结论）的首字母组合，讲话按照 A → R → E 的顺序展开，以开头的 A 结尾。AREA 法是一种逻辑性很强的沟通方法。

A：明确的主张、观点

首先，讲话者可以用一句话表明自己的观点和主张，此时的一句话观点宜控制在 20 字左右。例如："用一句话概括我想说的，就是……"

R：阐明理由、根据

讲话者可以预设对方会产生的不解或不安，并相应地阐明理由、根据。例如："为什么这么说呢……"

E：论证或举例

单纯地从理论上阐明理由和根据可能过于抽象，对方并不能真正地接受，所以接下来还需要讲话者进一步列举具体事例加以论证或说明。此时，列举亲身经历的事例可以取得较好的说明效果。

A：以最初的主张、观点收尾

"因此，正如前面所讲……"再次强调自己的观点和主张，总结并结束讲话。

3.6.2　不符合 AREA 法的例子（AREA 要素不全）

题目：男人做饭

30 多岁的 A 先生，妻子住院两周。其间，他一直吃便利店的盒饭。妻子知道后很不高兴，不理他了。B 先生最近一直在上烹饪课，就算妻子出差不在家，他也能自己做饭吃，为此很是沾沾自喜。

如今双职工家庭增多，专职的家庭主妇越来越少，曾经那种妻子做好饭等丈夫回家的时代已经一去不复返。在不少家庭中，妻子下班的时间比丈夫更晚，有时还会出差。在这种情况下，能够自己做饭、不给妻子增添负担的男性实在不算多，这是客观现状。

我认为不管是年轻人，还是已经退休的老年人，男性最好都学习一下做饭技巧，保证能自己解决吃饭问题。特别是已经退休的男性更应如此。

3.6.3 使用 AREA 法的例子

A：主张、观点

我认为"男性也应该学习做饭，这样就能够自己照顾自己了"。

R：理由

为什么这么说呢，有两个理由。

一是这样"能减轻妻子的负担"。如今双职工家庭增多，专职的家庭主妇越来越少，曾经那种妻子做好饭等丈夫回家的时代已经一去不复返。在不少家庭中，妻子下班的时间比丈夫更晚，有时还会出差。在这种情况下，如果丈夫会做饭，他就能自己解决吃饭问题，从而减轻妻子的负担。

二是男性做饭"能促进家庭和谐"。如果丈夫会做饭，不但可以轻松解决妻子不在家时自己的吃饭问题，还能在妻子加班时把饭做好等她回家。对于劳累一天、很晚回家的妻子而言，不论是从精神上还是肉体上讲，迎面而来的一桌热饭菜都是极好的安慰。丈夫的厨艺表现可以有效增进夫妻双方的感情，促进家庭和谐。

E：具体事例

30 多岁的 A 先生，妻子住院两周。其间，他一直吃便利店的盒饭。正在住院的妻子知道后很担心他，也很不高兴，很长时间没有搭理他。这时，如果丈夫能照顾好自己的饮食起居，妻子也能放心地在医院接受治疗。

最近，B 先生一直在上烹饪课，就算妻子出差不在家，他也能自己做饭吃。他说"妻子也不生我的气了，夫妻关系也比以前融洽多了"，他很是沾沾自喜。

A：主张、观点

基于上述两个方面的理由，我认为"男性也应该学习做饭，这样就能够自己照顾自己了"。

在不符合 AREA 法的例子中，读者读起来可能大致明白什么意思，但是对讲话内容而言，对方只能听懂个大概；而在使用

AREA 法的例子中，讲话内容不但观点明确、理由充分，还适当地加入了具体事例，很有说服力。AREA 法与同类讲话法的对比如表 3-1 所示。

表 3-1　AREA 法与同类讲话法的对比

序号	PREP 法	CREC 法	AREA 法	要点
1	要点（point）	结论（conclusion）	主张（assertion）	开头先说最想说的话（要点、结论、主张、特征、目的等）
2	理由（reason）	理由（reason）	理由（reason）	介绍理由
3	具体事例（example）	依据（evidence）	依据、具体事例（evidence or example）	·列举具体事例 ·阐明理由、根据
4	以最初的要点结尾	以最初的结论结尾	以最初的主张结尾	重复1，总结

3.7
15 分钟以上讲话法

3.7.1　巧妙组合，想方设法让听者不厌倦

就算是 15 分钟以上的超长讲话，如果讲话者能对内容做有效分解，就可以将其处理为数段短内容的组合（见图 3-7）。

对讲话者和听者而言，15 分钟以上的长讲话都是考验。因此，讲话者有必要按照脚本展开方式将各项内容分别纳入容易被听者接受的 1 分钟、2 分钟、3 分钟内。15 分钟的讲话也能将前文介绍的 1 分钟说话法和 3 分钟以上讲话法组合起来使用（见图 3-7）。说话时间越长，听者的负担越重，因此讲话者需要想办法不让听者感到厌烦。

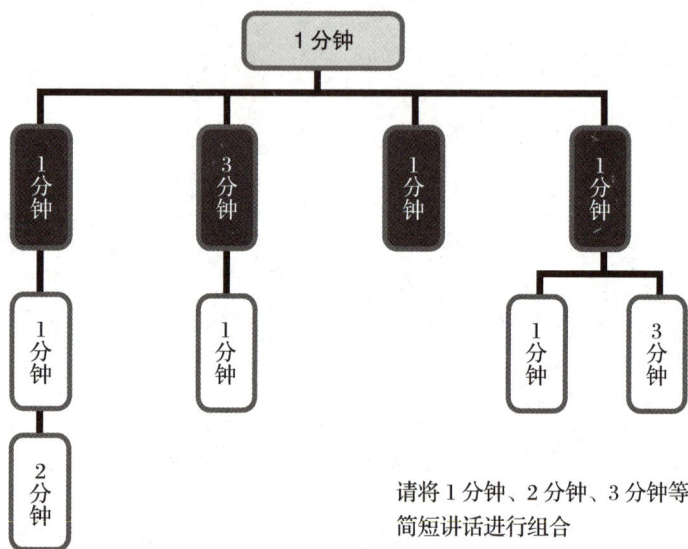

请将1分钟、2分钟、3分钟等简短讲话进行组合

图 3-7　15 分钟时长讲话组合图

3.7.2　确定沟通方法和内容构成

本书已经介绍了沟通方法的大部分内容，在看到简洁法、紧凑型三部分构成法、三角脚本法、内容先行法、四部分构成法、AREA 法等时，请大家用 10 秒的时间在大脑中快速地回顾每种方法对应的要点。通过这种训练，大家可以提高大脑的反应

速度，知道怎么应对不同情况收获更好的沟通结果。

3.7.3　沟通方法的三原则

将各种方法的要点梳理汇总后就能得出"沟通方法的三原则"，它们分别是易懂、简洁、令人印象深刻。请大家在准备过程中多站在对方的角度思考，问问自己："我要讲的话容易理解吗？够简洁吗？会给别人留下深刻的印象吗？"

在自我反问的过程中，一旦发现某一项的答案是否定的，就要及时修改，直到答案变为"是"为止。

如果沟通方法的三原则都做到了，就可以说沟通已经成功了80%。沟通方法的三原则请参照表3-2。请大家谨遵易懂、简洁、令人印象深刻三原则，刻苦钻研，结合自己面临的实际问题不断地锻炼自己的表达能力，形成自己独特的沟通风格。

表 3-2　沟通方法的三原则

原则	要点	具体方法
易懂	关系要明确	·顺序、关系明确 ·使用编号标签法预告概要 ·符合对方的理解程度 ·使用易懂的语言
简洁	核心要明确	·一句话表达想说的内容（一句话表达主题） ·重要的地方用关键词表述 ·句子要短 ·模拟练习，删除多余的部分
令人印象深刻	印象要明确	·说具体 ·强调重点 ·花心思讲好开头和结尾 ·讲话时要有激情

本章小结

① 沟通方法的 5 种功能：友善功能、共情功能、理解功能、
接受功能和说服功能。

② 把话说得让对方听得轻松、明白的 5 大前提：

• 充分理解自己要讲的内容。

• 清楚自己的沟通对象是谁，要与对方说什么。

• 梳理讲话内容的顺序。

• 主题要明确。

• 讲话内容要符合对方的理解程度，用对方能听懂的话
表达。

③ 使用内容先行法讲工作上的事。

④ 要做到易懂，需要反复使用"简而言之""比如"等词语。

⑤ 好记笔记的内容更容易让人记住。

⑥ 讲话是否具有逻辑性取决于"主张""理由""具体事例"。

⑦ 再长的话也是用 1 分钟、3 分钟的讲述组合而成的。

⑧ 沟通方法的三原则是：易懂、简洁、令人印象深刻。

04

刺激对方的五感
有助于实现更有效的表达

4.1
3 种无须语言的表达方法

在日常讲话时，我们为了实现沟通的效果往往会综合运用 4 种表达方式：语言表达、声音表达、非语言表达和视觉表达。本书第 2 章、第 3 章已经围绕语言表达（沟通内容的构成、沟通技巧）做了详尽介绍，接下来将对声音表达、非语言表达和视觉表达进行说明。

除了沟通内容，讲话者使用哪种类型的声音、什么样的语调，做出什么表情、动作（非语言表达）进行沟通也会对听者产生重要影响。

4.2
声音能影响人的感情

4.2.1　声音印象与视觉印象同等重要

　　一般来讲，不管是哪一类型、在什么场合的沟通，语言都是作为一种声音被发出并传达出去的。人发出的声音进入对方的耳朵后能刺激对方的大脑产生情感变化，所以人们可以运用语言的多种形式表达内容。因此，大家应该对语调、音量、语速等予以重视，这一点非常重要。

　　TBS 晨间《天气预报》节目的播报员 N 每次出场向观众道早安时都是带着清脆的嗓音和满面笑容，虽然隔着屏幕，但是 N 的声音仿佛能带给人一种清晨的清爽感，让电视机前的观众感到轻松、舒畅。声音的不同表现形式也能使听者产生或好或坏的心情。

4.2.2　为什么听录音中自己的声音感觉很奇怪

我至今仍清楚地记得上高中时，第一次从录音机里听到自己声音时那种令人难以置信的心情，当时心想："这根本不是我的声音！"就算现在，我依然感觉"自己的声音明明比录音中的要好听一些"。

为什么人们在听到自己声音的录音后会感觉"这不是我的声音"呢？其原因出在声音传导的路径上。

我们在发音时，除了声带振动，外头盖骨和胸腔也会同时产生共鸣。从口中发出传到空气中的声音和录音以及别人耳中听到的声音是一样的。当然，空气中的声音也会进入讲话者自己的耳朵里，如果仅仅是这种传导路径，讲话者听到的声音与录音中的声音是一样的。但是，除了空气传播，声音也能进行骨传导，经头盖骨等部位进行传输。实际上，我们所听到的自己的声音是这两种声音合成以后的结果。

只有讲话者自己会感觉"这不是我的声音",其实录音中的声音才是讲话者真实的声音。请大家偶尔录一下自己的声音,确认一下自己的声音究竟会给别人留下怎样的印象。

如果我们不能对自己的声音有一个客观的认识,实际给别人留下的印象和自以为给别人留下的印象就可能出现较大出入。

讲话内容靠声音支撑,而声音并不仅限于音质,所以除了音质,也请大家对其他部分进行客观认知,确保自己准备的内容能百分之百表达到位。

语速

每分钟 200 字的讲话速度给人一种沉着稳重的感觉,每分钟 300 字的语速则给人一种富有气势的感觉。如果大家能够把语速控制在这个语速区间内,然后根据沟通的需要,做到缓急得当,就能使自己的讲话具有节奏感。

语速快的人,讲话时往往嘴张开得幅度比较小,如果讲话时有意识地把嘴张大就能使语速变慢。比起时刻提醒自己"说慢点儿"，张大嘴的暗示能帮助语速快的人更有效地降低语速。

音量

录音时的音量大小、播放时的音量大小都会对音量效果产生影响，因此，我们仅凭给自己录音并不能准确地了解自己的音量是大还是小。这时，需要引入比较对象。比如，我们在培训课上同时为 40 位学员录音，录音时的音量设置、距离等都是相同的，有了可供比较的对象，我们就能客观认识自己的音量是大了还是小了。比如，有人就能客观地感受到："录音时明明已经比平时说话更大声了，但听起来声音还是很小。"

如果大家想检查自己的音量大小，不妨请朋友或家人帮忙，请他们与自己在相同的条件下一起录音，这样就能比较出效果。

当然，也有天生嗓门大的人。音量太大并不是好事，那样会干扰听者接收信息，令人心生反感。所以，最理想的状态是音量适中，让人听起来感到很舒服。请大家自行检查自己的音量是否合适。

发音

发音受嘴形和呼吸节奏的影响非常大。通常，就算嘴张得不是很大也是能发出声音的，但是这时的声音会含混不清，听起来不够洪亮。为此，大家可以在镜前进行发音练习，检查自己发声时的嘴形是否标准。

声音不是从嗓子发出的，而是从腹部发出的。人在叹气时发出的声音就是从腹部发出的，大家不妨试试，找找感觉。

语气、语调

同样一句话，说话时的语调不同，给人留下的印象也不尽相同。我们会在不同的场合和情况下根据当时的心情讲一些相同的话。比如，你工作忙碌了一天，乘坐公交车回家时站了半天后终于有空座，但刚坐下就发现自己面前站了一位老人，心想："唉，怎么办才好呢，真是没办法呀。"这时，你心里一边纠结一边起身对老人说"您请坐"，假设你一点儿也不累，还有两站就要下车时起身让座对老人说"您请坐"，这两种状态下的声音听起来是非常不同的。

再比如，前辈在指导晚辈写作文，如果晚辈乐于接受前辈的指导，当时说"明白了"的语气和"已经改了 3 次，还让我继续改"时说"明白了"的语气是截然不同的。在沟通过程中，人往往注意不到自己的语气、语调，有时语气、语调容易暴露讲话者"抱怨""缺乏热情"等真实情感，所以大家务必重视语气、语调，避免被自己的语气和语调出卖。

此外，大家在听别人讲话时也要注意区分对方的语气、语调是刻意的还是无意识的。当你与人交流不畅时，当你的看法明明与同事一致，但上司的反应不佳时，一般问题并不是出在别人身上，而是出在你自己的身上。反思自己，往往能找出问题所在。

4.3
印象的六成由外部形象决定

非语言表达又被称为"非语言交流"（Non-Verbal Communication，NVC），是指通过语言之外的态度、表情等传达信息的方式。

非语言表达也被称作"态度语言"，听者非常容易受到讲话者态度语言的影响，请大家务必对此予以足够的重视。

4.3.1　外部形象是给人留下好印象的关键

你给别人的印象能通过外部形象改变六成

非语言表达的要素大致分为以下 5 点。

- 外形：服饰、发型、妆容、胡须、鞋……

- 表情：微笑、严肃、明朗、阴沉……

- 姿势：驼背、上身后倾、瘫坐在椅子上、分腿坐……

- 动作：手势、撇嘴……

- 视线：盯着对方的眼睛、躲避对方的视线……

集歌手、演员身份于一身的小泉今日女士，她从以偶像身份出道起就在非常刻苦地进行表情练习，她能随时露出灿烂的微笑，不管当时她的心情如何。

有令人心情舒畅的微笑就有令人感到不愉快的表情，我就在一家山庄风格的旅馆里遇到过。那家旅馆的温泉和房间装饰都非常棒，唯独老板娘的表情和态度大煞风景，那是一副非常事务性的表情，一板一眼，丝毫没有热情。客人看到她的表情，好兴致都因此减半了。她是那家旅馆的老板娘，应该不会抱有"客人来不来都无所谓"的态度。所以，我认为她是根本不知道自己给别人留下了不好的印象。

美国心理学家艾伯特·麦拉宾（Albert Mehrabian）曾提出，当人们面对面沟通时，不同因素对他人产生的印象的影响比重分别为：视觉信息（表情、态度、动作等可视因素）占 55%；听觉信息（语气、语调、音量、语速等）占 38%；语言信息（讲话内容）占 7%（见图 4-1）。

很多人都清楚，人们往往不了解别人眼中的自己。当人们面对面交流时，视觉的影响尤其显著。人受对方外在形象的影响非常大，大家有必要重新认识这一点。

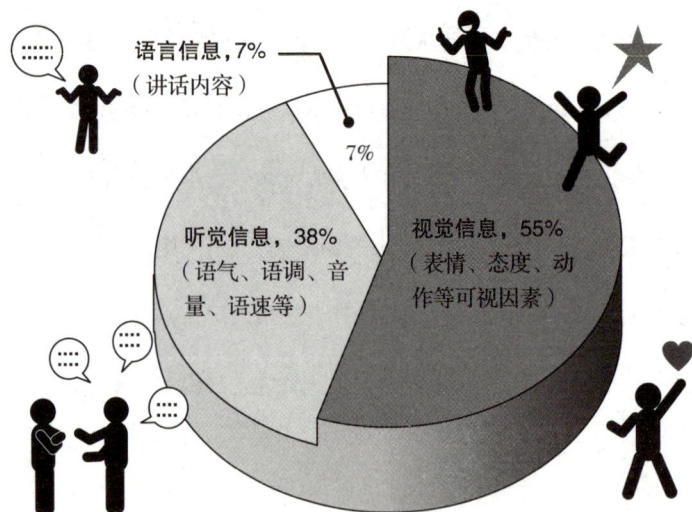

图 4-1　麦拉宾的沟通印象指数

难得已经在内容方面下足了功夫，如果沟通效果因为视觉、听觉因素的影响而大打折扣，岂不是得不偿失？请大家对此予以重视。比如，在公司过道上、前台等地方，或在上司或众人面前讲话时，大家需要多留意自己的形象，避免给别人留下不好的印象。

请大家参照图 4-2 认真检查，你可以自行检查，如果能请别人给自己提提意见是再好不过的了。

若不用心，再好的外在形象也只能起反作用

虽然外在形象的影响客观存在，但当我们被对方以程式化的方式对待时还是会感觉怪怪的。这样的情况不在少数。比如在快餐店里，店员满脸堆笑地和你说"欢迎光临"，实际上心不在焉，注意力全在旁边的店员身上；或者客人结完账还没有转身离开，店员脸上的笑容已经快速收回。

酒店接待南来北往的客人，按理说在接待方面是相对专业的，但是前台接待人员给人的印象依然千差万别，有的让人感到心情舒畅、能放心居住，有的则给人留下不好的印象。

❶ 后 背	☐ 肩膀放松
后背	☐ 下巴低垂
	☐ 背部舒展
	☐ 整体自然、放松

❷ 视 线	☐ 讲话之前先环视大家
眼睛	☐ 与每个人进行目光交流
	☐ 沉着
	☐ 轻松愉快的表情

❸ 手的位置	☐ 不要背在身后
手	☐ 不要有小动作
	☐ 自然地放在身体的两侧
	☐ 可以做一些必要的手势

❹ 脚和腰	☐ 将体重均匀地分配在两只脚上
脚和腰	☐ 站稳
	☐ 膝盖不要弯曲
	☐ 整体自然、放松，小腹略微紧绷

❺ 服 装	☐ 服装得体
服装	☐ 讲话时整理衣服

❻ 毛 病	☐ 了解自己的口头禅
毛病	☐ 清楚自己有哪些小动作

检查标记：符合的画√ 不符合的画 × 不确定的画▲

图4-2 站立姿势检查要点

每家酒店都会对员工进行接待方面的培训，员工表现的差距大概发生在培训后的实践中。在实践过程中，员工用不用心，效果截然不同。

同样是微笑，客人走向前台的这段时间能否处理得当，效果会非常不一样。下面，我们比较两种情形。一种是，客人走到前台站定后，服务员面带微笑地说"欢迎光临"；另一种是，客人走进酒店大厅，距离前台还有 10 多米的时候，服务员就笑脸相迎，等客人走到前台时服务员保持微笑并热情地说"欢迎光临"。

当然，前者谈不上给人留下不好的印象，只是这样的微笑会使客人感觉太生硬，好像服务员计算好了客人什么时候会走到柜台前，一旦站在自己面前便马上启动"微笑模式"似的。后者却能给人一种对方发自内心表达欢迎之情的感觉。

同样是微笑，用不用心的效果差距明显，只有发自内心的真实情感才能真正地产生效果。与人沟通时，大家千万不要只流于外表，表情、态度中也要包含真情实感才行。

4.3.2　身体语言的表达力不亚于语言本身

有时身体语言比语言更重要

当只用语言无法表达到位或表达效果不理想时，人们会选择使用非语言表达，即身体语言。

身体语言主要包括表情、动作、眼神。本书将有助于提升表达效果的举动称为"身体语言"，将无意识的非语言表达的举动称为"坏毛病"，下面将分别进行论述。

曾经有学员在推销培训课上做练习，不管是讲话技巧还是讲话内容都表现得无懈可击，但是他的表情、动作、眼神等身体语言完全没有充分展现。其实，该学员最初在内容构成、讲话技巧方面表现得很不错，因此我一度认为他会在推销表达方面取得长足的进步。但是在听他讲过两三遍后，我发现尽管他把内容讲得很明白，也能让听者听懂，但是听者并不会产生"购买那件商品""给他提供帮助"这类想法。为什么会这样呢？因为他虽然讲得很流畅，但是完全没有笑容和动作配合，眼神也是冷冰冰的。

　　起初，我以为他是因为紧张而表情僵硬，后来一问才知道，他根本没有运用身体语言的意识。他认为把话说流畅是最重要的，"推销时本来就不应该掺杂身体语言"。

　　后来，我告诉他，身体语言是一种有意识的主动表达，把它理解成表演是不对的，"你在讲话内容、讲话技巧方面已经表现得足够好了，今后要注意让听者从感情和心理层面接受你传达的信息，而不只是大脑里接受"。

　　对沟通效果而言，过度的身体语言是会减分的，但是想要实现更好的表达，离不开有意识地对其加以适当利用。无意识的非语言表达检查列表见表 4-1。

表 4-1　无意识的非语言表达检查列表

检查项	给对方的印象	自我诊断
背着手讲话或听别人讲话	蛮横的、权威的	
抱着胳膊讲话或听别人讲话	否定的、权威的	
讲话或听别人讲话时，不看着对方的脸（扭着头、低着头）	没兴趣、没热情	
讲话或听别人讲话时，没有表情或表情复杂	没兴趣、权威的	

（续）

检查项	给对方的印象	自我诊断
讲话或听别人讲话时，把手叉在腰上	权威的、倦怠感	
半躺在椅子上讲话或听别人讲话	粗鲁、漫不经心	
讲话或听别人讲话时，眼神飘忽不定	不冷静	
弓着背讲话	没自信	
撇着嘴听别人讲话	没兴趣、倦怠感	

检查标记：符合的画√ 不符合的画 × 不确定的画▲

无意识的非语言表达

有策略的非语言表达能够提升沟通效果，但无意识的非语言表达会妨碍正常的表达，是一种坏毛病。

人在无意识时做出的小动作也会传递信息，但这些小动作并非出于当事人的本意。为了避免引起误会，大家需要格外留意自己无意识的非语言表达。

在沟通过程中，若能给对方留下沉稳、冷静的好印象固然重要，如果讲话者本无此意，听者有可能感受到冷漠、不满、没热情等，这样就麻烦了。

不仅有策略的非语言表达能传递信息，无意间做出的非语言表达也可以，请大家务必认识到这一点。进一步讲，无意间做出的非语言表达更容易对对方产生影响，造成的恶劣影响更明显。

表 4-1 列举了平时最常见的无意识的非语言表达，请大家对照表 4-1 检查自己。我在培训中最常见的坏毛病包括"背着手""抱着胳膊""表情复杂""没有表情""弓着背"，你有这些坏习惯吗?

4.3.3　对方的样子就是镜子中的自己

好气氛、坏气氛都会传染

大部分人只看到对方的缺点却看不到自己的缺点。

我读过一篇关于日本足球协会原主席川渊三郎的报道，他在执教古河电工球队时发现球队士气低沉。川渊先生想尽办法要改变球队沉闷的气氛，却屡屡受挫，为此他感到非常苦恼。后来他顿悟，作为教练，他自己一直摆出一张严肃的臭脸，这不正是产生坏气氛的原因吗?

川渊先生意识到球员们的状态正是作为教练的自己造成的,于是他从这一点着手进行改善。很多人也是如此,很多事情是自己没有意识到的,我也因此失败过多次。人总是倾向于站在自己的立场照顾自己的想法。

对方的样子就是镜子中的自己。我们要多这样想想:"稍等,在责备别人之前,我自己做得怎么样"。

外在形象反映讲话者的内心

当年在综合电机公司上班时,我曾面试了 2000 多名应聘者,根据我的经验,应聘者从敲门进场到走到椅子边坐下这段时间给人的印象与面试时给人的印象是几乎一致的。这种印象还会进一步延续到入职后,与新员工给同事、前辈、领导者留下的印象基本一样。

当然,也有很多人在后续交往中逐渐改变了别人对自己的第一印象,面试中看走眼的情况也会偶然发生。一般而言,一个人的人品和本质能通过外在形象反映出来。从这层意义上讲,第一印象在面试中是一项非常重要的因素。有些年轻人会说"真遇到事时，我也能往前冲"，但一个人的品质往往比他想象中的更容易被别人看穿。

连锁酒馆里的服务生，即便是临时工，只需稍微进行规范培训就能掌握待客之道。但是类似于微笑着说"欢迎光临"却随便把杯子往客人面前一放，或者客人点完饮品后粗暴地把菜单收走这种缺乏真心实意、流于形式的服务很容易被看穿。

只要稍微在态度或表情上流露一点儿真情实感，对方是很容易感知到的。

4.4
善用视觉工具，提升沟通技巧

4.4.1 视觉工具是发挥积极作用还是消极作用取决于使用方法

语言的表达并非只能借助声音形式，我们还可以借助视觉工具提升表达效果。这种借力视觉的方法被称为"视觉表达"，具体方法包括边讲解边做黑板板书、一边讲一边展示演示文稿（PPT）、使用写字板进行说明等。

在日本的电视节目中和一些企业的会议上，人们经常使用写字板辅助说明事情或提出疑问，语音表述难以理解的内容经写字板上的文字处理后会变得清晰、易懂。

日常的对话、简单介绍等情况不涉及，但当人们抱着一定目的向别人加以说明或推销时，仅凭语言、声音、身体语言是不够的。比如在时长为 10 分钟或 15 分钟以上的说明会上，如果单凭声音表达，会加重听者的理解负担，不仅浪费时间而且表达容易出错。为了避免这类情况，我们可以适当地采用一些与场景相协调的视觉表达形式，具体分为以下 3 种。

- 分发文字资料提要、各条内容要点、图表等资料。

- 利用写字板、板书、样本等加以展示。

- 使用视觉工具（PPT、写字板等）。

以上视觉表达形式之间有一个共同点，那就是不管在什么场合，它们所起的都是辅助作用，而非主要作用。归根结底，视觉工具只是一种辅助手段，用来解释那些单凭语言难以说明白的地方。

有一次，我去参加某城市的城市规划说明会，会议主办方提前给参会者分发了彩色打印的纸质资料，资料上还介绍了完工后的模拟效果图，准备工作可谓周到、细致。但是，会议主持人开场就说："我将按照大家手上的资料加以说明。"之后，他便开始一味地照着资料进行讲解了。其间，有听众跟丢了，不知道讲到哪页了，开始乱翻资料，会议主持人对此却视若无睹。

这样一来，原本应该起辅助作用的纸质资料反而妨碍大家更好地理解讲话内容了，倒不如不用资料，全部用口头阐述。

此外，如今使用 PPT 进行讲解、汇报的人越来越多，有些人忽视了 PPT 作为辅助工具的属性，把它做成了像动画片一样的播放内容，这种做法有点儿本末倒置。

我第一次见到有人用 PPT 进行讲解时感觉这个工具很棒，讲话者的表达因此丰富了不少。但是自己使用了一段时间，也观察别人使用后的效果，我发现："这样讲话是不是置听众于不顾，讲话者完全沉浸在自己的世界中了？讲话者过分凸显自己的爱好、趣味，陶醉于自己喜欢的工具，却招致听众的不满……"

很多人在多年后会有这样的顿悟：以前感觉自己的沟通能力一下子提升了，原来只是错觉，实际上并非沟通能力提高了，而是自己能更熟练地运用工具了。非常遗憾，现在依然有很多人在与人沟通时过度依赖工具，请大家务必记住："归根结底，视觉工具只是辅助手段！"

4.4.2　使用视觉工具时应注意的事项

表 4-2 和表 4-3 中列举了大家在使用 PPT 时应注意的事项，供大家参考。大家也可以使用此表观察别人的讲话，在观察过程中"以人为镜"反思自己，比如"我也是这样的""见不贤而内自省也"等。

表 4-2　制作 PPT 时的注意事项

第一页后面紧接着放目录	预告讲话概要
页数不要太多	一页内容讲 0.5 ～ 1 分钟
分条列出，字号要大	字号设置为 20 ～ 24 磅
背景简单，不干扰正文内容	选用白色、深蓝、绿色等单色背景
适度使用动画，吸引听众的注意力	动画要有意义

表 4-3　讲话时的注意事项

不要对着屏幕讲	看着听众和电脑界面讲
使用 PPT 时，身体要舒展	面向听众（不背对大家）
不要忘记互动交流	视线接触、问答等形式
充分利用屏幕	要讲的话如果 PPT 上没有，应注明
不要摆弄指示棒	除非必要，不要转动鼠标

本章小结

① 声音表达、非语言表达、视觉表达与讲话内容和讲话技

巧同等重要。

② 声音是语言的生命,声音能左右讲话者给人留下的印象。

③ 别人的样子就是镜子里的自己。

④ 归根结底,视觉工具只是一种辅助口头表达的工具。

05

怎样准备才能
避免失败

5.1

"紧张"的程度刚刚好

5.1.1 拥有紧张症容易获取别人的信任

谈到紧张症，人们不免会联想到疾病，脑海中浮现的是一种坏印象。就我多年做培训的经验来看，真正因为紧张症而倍感苦恼的人不到 1%。

我每年给 3000 多人进行培训，内容涉及沟通能力、演讲、说明能力、推销能力、交涉能力、领导力、管理能力等。就我的切身感受而言，3000 多人中真正因为紧张而张皇失措的只有两三人。但是其中多达 50% 的学员会在讲话时说"我有紧张症……"或者在问卷调查时回答自己有紧张症（见图 5-1）。

在别人看来很镇静

图 5-1　认为自己有紧张症的只有我一个人吗

但是，学员之间相互练习时，大家会针对其他学员的表现发表看法或感想，对于那些说自己有紧张症的学员，其他学员基本上会反馈"虽然他说自己有紧张症，但是他讲话时完全看不出来"。下次轮到说自己有紧张症的学员评论其他学员的表现时，反馈也是"看不出来他在紧张"，双方相视而笑。这样的事情经常发生。

有学员会笑着解释，"虽然看不出来，实际上我真的有紧张症……"实际上，能这么笑着解释，就说明他已经克服了最初的心理障碍，这样的人占九成以上。

九成的人在心理上都有点儿小问题，比如自我意识过剩、完美主义、认为自己有紧张症。如果某人只是处于普通紧张的程度，他完全可以做到和没有紧张症的人一样好。

5.1.2 紧张，说明你准备好了

如前文所述，认为自己容易紧张的大部分人都不算有"紧张症"，而是他们有容易紧张的性格，我们称之为"紧张性" [①]。

大部分人在正式场合讲话都会紧张。

与家人、熟人之间的日常对话另当别论，即便真有人在正式场合讲话不紧张，他的讲话也一定是缺乏热情的，听众不可能真正地把他的话听进去。

据说歌手和田 Ako 女士有严重的紧张症，每次上台前都在

————————

① 在日语中，"症"和"性"的发音相同。——译者注

幕后紧张得不行。看她平时在电视、广播里表现得都很得体，因此我在最初听说她有严重的紧张症时根本不相信。但是后来我明白了，专业人士都是带着适度的紧张感登台，这样反而有助于刺激他们表现得更好。

我在语言研究所经常对参加培训的各位学员说："'紧张'是欲求的表达，大家感到紧张时请这样想：这说明我做好在众人面前讲话的准备了。"

专业人士也会紧张，请大家不要把紧张看成一件坏事，而应该把它看成自己已经准备好的信号，看成自己的状态刚刚好的暗示。

甚至可以说，如果一个人怎么也紧张不起来，他反而需要注意一下了。

5.1.3 导致紧张的 8 种原因

表 5-1 汇总了导致紧张的 8 种原因，我们可以朝着相反的方向做就能改善自己的紧张症。

表 5-1　导致紧张的原因一览表

导致紧张的原因	检查
（1）一想到自己要站在众人面前讲话就紧张	
（2）以往的失败经历造成了心理阴影（心理创伤）	
（3）认为自己有紧张症	
（4）性格软弱，顾虑多	
（5）自说自话，使用自己独特的说话方式	
（6）缺乏自信	
（7）说话声音小、语速快	
（8）很少在公众场合讲话，不习惯在公众场合讲话	

5.1.4　九成的紧张症都能得到改善

九成的紧张症都能通过一些方法得到有效改善。首先，将表 5-1 中的（1）~（3）划为一组，（4）~（8）划为一组。（1）~（3）的改善方法是"进行心理调节"，（4）~（8）的改善方法是"学习说话技巧方面的基本知识"。

很多人都不擅长在众人面前讲话，原因并不在于讲话本身，而在于当时的心理状态。因此，我们首先要调整心态，要这样想："紧张是正常的，擅长沟通的人也会紧张""不求讲得流畅，但求把想讲的讲清楚"。

至于怎样进行心理调节，方法包括以下几种。

一想到自己要站在众人面前讲话就会紧张

解决方法：

- 明白谁都会紧张，不是只有自己这样。

- 不要过分在意结果和别人的评价，尽量保持平常心。

- 人一旦开始不淡定，上场前的行为就会发生各种变化，举动慌慌张张，语速加快。因此，我们在说话前要有意识地放缓动作、放慢说话速度。

以往的失败经历造成了心理阴影（心理创伤）

解决方法：

- 多登场，多练习，积累成功经验。

- 学习讲话方法，参加语言能力培训，日常注意积累经验。

认为自己有紧张症

解决方法：

- 认为自己有紧张症的人应该多想想别人对自己说的"根本看不出你紧张"。

- 不要在意自己有紧张症这件事，多给自己积极的心理暗示，要有信心。

- 心理问题可以通过改变想法来解决。

参加培训的 W 学员曾对我说："说起来确实如此，紧张还是不紧张取决于自己怎么想。"后来，他的紧张症得到有效缓解。培训结束时，其他学员评价他"原本就不紧张，经过培训更加自信了"。促使 W 改变的仅仅是他自己想法的调整（见图 5–2）。

性格软弱，顾虑多

解决方法：

- 在准备工作和模拟演练上比别人多下 3 倍的功夫。很多人仅仅因为担心就放弃了自己原本可以做到的改善。

总想着自己会紧张……

精气神　　　　十足

调整想法后

图 5-2　转变想法就能缓解紧张症

- 需要真正地认识到"确实如您所言，我的准备工作做得
  并不到位，没能达到让自己满意的程度""最终，每次都
  怀着惴惴不安的心情上场，因此感到紧张"，然后就能
  收到显著的改善效果。

自说自话，使用自己独特的说话方式

解决方法：

- 什么事情都有基本方法。你可以学习讲话的基本知识，
  摆脱自己特定的说话方式，掌握一种令自己舒服的（不
  紧张）说话方式。

- 学习本书介绍的沟通方法和技巧。

- 如今市面上有很多培训机构，可以挑选一家进行为期 1
  年的培训，每月去两次即可。

根据我的经验，去培训班上课能让人切实收获学习的喜悦
和成长的快乐。

缺乏自信

解决方法：

- 要增强信心，需要充足的准备工作和演练，同时需要掌握讲话的基本方法和技能。

- 创造自信的环境和条件。

说话声音小、语速快

解决方法：

- 有紧张症的人普遍说话声音小、语速快，至少我没见过哪个有紧张症的人大声、慢条斯理地说话。因此，先练习大声说话和慢慢说话。

- 说话方式改变后，心情也会改变。

很少在公众场合讲话，不习惯在公众场合讲话

解决方法：

- 谁都不想在职场或其他活动的讲话中出问题。因此，可以像"自说自话，使用自己独特的说话方式"中提到的那样，参加培训班的培训，在培训课上多加练习，积累

成功的经验和失败的教训，掌握当年在学校没学到的东西。勤加练习是关键。

我的一位朋友 M 在 20 多岁时曾经受委托在朋友的婚礼上发言，婚礼前，他做了充足的准备和练习。但是婚礼开始时，他刚开场就卡住了，当时脑中一片空白，紧张得一句话也说不出来。那次经历给 M 留下了心理阴影，从此他认为自己有紧张症、不擅长讲话，刻意逃避在众人面前讲话。但是，M 是一个爱学习的人，到了 40 多岁，他为提升工作能力主动学习了很多知识和技巧，其中也包括讲话技能。

后来 M 成功地克服了自己的心理阴影，如今他成为一名活跃于全日本的讲师，教授沟通技能、演讲方法等多项内容。

请大家不要纠结自己是否有紧张症，结合上文介绍的方法找出适合自己的改进措施，然后大胆实践吧。只要付出努力，就一定会收获成功。

5.2
充分准备是治疗紧张的特效药

5.2.1　重新认识紧张和准备的恶性循环

我通过在培训中的观察发现，那些自称有紧张症的人和自称不擅长讲话的人之所以在沟通过程表现不好，原因都是准备工作做得不充分。在培训班上，我经常能听到这类声音。

- 首先感到不安，然后不能踏实地进行准备工作，准备不足又招致新的不安，最后不安引发紧张。

- 我在接受培训时集中精力，好好准备，不断练习、实践，后来居然能镇定自若地讲话了。

- 反复准备和练习后，第二天的培训课上我居然没紧张，如果工作时也能这样就好了……

- 感觉自己准备的速度总比别人慢，因为准备得慢，每次都只能准备个大纲。

- 我认识到平时大家所说的不习惯做准备其实是因为自己平常训练得不够。

究竟是紧张症导致紧张，还是准备不充分导致紧张的呢？可以说准备充分的话，九成的紧张症都能缓解。要消除紧张，最有效的方法就是好好做准备。若提前做好万全的准备，情绪会轻松，上场后也不会紧张。

5.2.2 充分的准备工作能弥补经验和知识的欠缺

紧张的原因主要包括以下 3 种。

- 未进行基本学习。

- 经验欠缺。

- 准备不足。

第一项和第二项原因经常被人谈及，但是，能察觉到自己紧张是因为准备不足的人少之又少，这也是事实。

当然，第一项和第二项也是非常重要的原因，但是如果讲话者不能认识到准备不足会导致紧张这一事实，而将紧张归咎于某种不可知或无法解决的原因，那么他将一直无法克服紧张的毛病，陷入恶性循环。

大部分人遇事都会紧张，要知道"稍微紧张是正常的"，请大家拿出信心，大胆开讲。大家可以以阅读本书为契机，遇到说明会之类的场合时，把它视作难得的锻炼机会，好好准备，积累成功的经验。

紧张症固然包含性格方面的因素，如果不认真准备，内心再强大的人也不可能表现良好。积极乐观地准备、消极悲观地上场，正是这样的操作导致紧张。请大家一定要悲观地准备，乐观地登场。下面的内容将对具体怎样进行准备加以详细的说明。

5.3
悲观地准备，乐观地实行

5.3.1 准备时要多担心

关于危机管理，有人说过："悲观地准备，乐观地处理。"我认为，危机管理思维同样适用于沟通的准备工作。要避免在讲话、说明、汇报等场合失败，人们需要在准备阶段抱有危机意识，做万全准备。只有这样，真正登场时才可能顺利完成沟通工作。从这种意义上讲，沟通的准备工作同样应该"悲观地准备，乐观地实行"。

人们总是倾向于选择轻松地准备、高效地准备，认为"到时候总会有办法的"。但是乐观地准备、真正登场后，人们往往在现场遇到突发状况会手忙脚乱，慌作一团。如此一来，虽然前期准备阶段节省时间、效率高，但会上表现不佳，反而给自己留下一堆"作业"，事后往往要投入数倍的时间和精力进行弥补，得不偿失，有人因此后悔："早知如此，还不如当初准备得更充分一些……"

为了避免发生这样的悲剧，我们在准备阶段要多思考，悲观地开展准备工作，要多对自己说"这样还不够""再深挖一些""还需要收集更多的信息"，如此不断完善准备工作非常重要。

请大家牢记：沟通成功与否，"九成取决于准备工作，一成取决于临场发挥"。

5.3.2 不起眼的准备工作催生了不起的结果

棒球选手铃木一郎说过：

"准备"就是排除一切可能成为借口的因素，为此把凡是能想到的都做到位。

铃木一郎正是把自己"逼"到了这种程度，做最大的努力进行准备和练习，才取得了那么好的成绩。

铃木一郎说："如果自己表现得不好，事后就会后悔。为了不让自己后悔，我会提前消灭所有可能让自己后悔的因素。这样一来，一旦失败，我就能找出真正的原因。"

每个人的性格、思维方式各不相同，但是有一点是一样的，那就是在思考自己为什么准备后，"好好准备，争取最好的结果"这一心愿。谁都希望在准备阶段投入最小化的努力、收获最大化的成果，但最小化的准备意味着你选择了高风险、低回报。请大家铭记：

- 准备工作无法走捷径。

- 准备工作需要人付出诚实的辛苦和努力。

- 付出辛苦，做万全准备后方能收获满意的结果。

5.3.3　客观认识自己的准备能力

"车到山前必有路"的想法最危险

一个人若对自己的准备能力认识不足，就会出现在别人看来准备不足但当事人自我感觉良好的情况。我曾经让学员们事先做好准备，从平均水平来看，学员的实际准备情况如下：

- 准备充分的人占总人数的 30%。

- 做了一定准备的人占总人数的 50%。

- 基本没准备的人占总人数的 20%。

基本没准备的人很清楚自己的情况，这种问题不算严重，真正会出现严重问题的是做了一定准备的人。一般来讲，他们会说"总会有办法的""我认为准备到这种程度已经足够了"。我问："是因为太忙，所以没能充分准备吗？"对方回答："基本是这种情况。"

非常遗憾，这类学员的这种表现并不仅仅表现在培训课上，他们在处理工作时也是这样的。首先，大家需要认识到"准备工作必须做到位"。当然，只有主观上的认识是不够的，还需要大

家积极实践，在行动中不断探索究竟怎样的准备工作量最适合
自己。

超量准备法

想把准备工作做到位，不能靠一点一点地尝试，那样很难
弄清楚做多少准备工作最适合自己，我推荐大家直接把准备工作
的工作量提升到以往的 3 倍。为什么是 3 倍呢？因为就算再不擅
长做准备，做 3 倍的准备也足够了，3 倍的工作量能保证所有人
都准备充分。

如果是一点一点地尝试，很难找到"准备充足"的标准线。
如果把准备工作做到十分周全，就自然超过了"准备的标准线"，
这样，我们才能明白适合自己的标准线在哪里。

然而，从现实的角度考虑，做 3 倍的准备工作的可行性较
低，大家可以逐渐减少准备的工作量，摸索出适合自己的标准
线。例如，"如果不做到如今工作量的 2 倍，无法保证准备工作
做到 100%""做 1.5 倍的工作效果刚好"等。按照适合自己的工
作量进行准备，成功的概率更大。

如果你因为实在太忙了，根本无法把准备工作做到 100%，此时，只要清楚做到什么程度就可以过关，这样可以省些力气。在探索自身标准线的过程中不能偷懒，只有在自己的准备能力提高后才能寻找省力气的方法。

可以把 3 倍工作量准备法应用于最重要的事情上，借此积累成功的经验，在这个过程中，你也能搞明白自己的准备能力如何，可以说这种准备法是"一石二鸟"。

我的准备能力不强，不比别人加倍努力做准备的话根本不敢上场。有时，我也想把效率提高一些，但是为了保证高质量地完成自我介绍、推销、授课等内容，我还是选择下苦功夫做足准备。

《孙子兵法》云："知己知彼，百战不殆。"我们也要将应准备的内容了然于胸，同时清楚自身的准备能力，然后去实行。

5.3.4　找到适合自己风格的准备方法

人的性格各异，我们无法断言怎么做是绝对好的或绝对不好的，但人们都需要在弄清自己的倾向后做"万全的准备"。

根据人们在做准备时的特点，我们可以将其归纳为 4 种类型，分别是提前型、拖延型、自我管理型、依赖型。看看下面的介绍，你属于哪一类型？请认清自己的倾向类型，在此基础上做好准备，保证高质量地完成讲话。

提前型

在制订计划时，提前型的人会从期限日向前倒推，留足余地，提前下手，及早推进。如果你的部下是这种类型的人，你可以放心地把事情交给他处理。

但是如果准备得太早，真正登场时的背景环境、主题等可能发生变化，这就会打乱讲话者原来的计划和节奏，而不得不重新调整，这往往又会花费较长的时间。

建议属于这种类型的人要提前考虑到变动的可能，增强自身的灵活性。

根据计划按部就班做好准备后，讲话时能做到沉着冷静

准备不足的话，讲话时会慌张

拖延型

　　一般来讲，拖延型的人眼看截止日期一天天临近却暗示自己"还有一周时间呢""还有 3 天时间呢"，不断拖延。从结果来看，这类人很容易失败，如果是在与别人合作完成某项工作，还有可能拖累其他人。

　　我有一位前同事 D 先生，他特别擅长"临时抱佛脚"，总是提前一天才着手做突击工作。我与这位 D 先生合作时，虽然结果还过得去，但是工作节奏完全不合拍，经常出现忙于应付的情况。对此，D 先生居然不以为然，而我吃尽了苦头。如果 D 先生能一直使用这种方法也不失为一种风格，但大家要知道，这是一种风险很高的方法。

　　拖延型的人应强化"只剩 10 天了""先把难处理的部分搞定""不做好充足的准备，是没有好结果的"等意识，时刻牢记"不能辜负听众的期待""要给自己成就感"，认认真真地把准备工作做扎实。

自我管理型

自我管理型的人能安排好自己的工作进度，扎实地向前推进工作。如果这类人的上司交代任务后，对他完全不闻不问，可能引发他的猜疑，怀疑上司是不是根本不在意自己。所以，对待这种类型的员工，领导者不能因为放心就完全对他们不闻不问，有必要适当地确认一下工作进度等。

自我管理能力强从侧面反映出这类人更在意别人对自己的关注和评价，建议这一类型的人不要过度在意别人的关注和评价。

依赖型

以我的经验来看，依赖型的人有期限意识，但这种意识不够强烈，准备计划也是似有若无的。别人会对依赖型的人感到不放心，因此总盯着他做事，而他本人反过来又会对别人产生依赖，形成恶性循环。养成依赖习惯的根本原因在于"习惯性依赖"。

依赖型的人普遍具有拖延倾向，建议这一类型的人在准备

重要会议或报告时摒除"习惯性依赖"意识，认真制订准备计

划，并把计划贴在大家都能看到的地方，借助周围的力量强化自

我管理。

5.4
如何推进准备工作

5.4.1 了解听众

当我们向别人做介绍或阐述意见时，首先想到的是"自己把话说到位了吗""自己没遗漏要点吧"，人们倾向于从自身的角度出发考虑问题。实际上，重要的是对方（听众）而非自己，我们需要转换思维方式。

以前常用的销售方式叫"推销式销售"，是指销售人员努力将商品的特点、优点介绍给客户，向对方强调自己的商品这也好、那也好。现在，销售方式已经变成了"倾听式销售"，销售人员首先倾听客户的需求，在充分了解对方的需求后再介绍自己的产品。

　　沟通的准备工作也是如此，讲话者先了解听众，在此基础上再着手准备效果会更好。需要注意的事项主要包括"听众是什么人""听众的兴趣、关心程度""讲话的形式是怎样的"（是一对一还是一对多）等（见表 5-2）。如果大家不了解这些情况的话，就像既没地图又没目标地在黑夜里开车。

表 5-2　需要了解听众的哪些情况

序号	需注意事项	内容
1	听众的年龄构成	____ ~ ____岁　平均____岁
2	听众的男女比例	男女比____ : ____
3	听众的目的	例如：业务相关、自己感兴趣
4	听众的兴趣、关心程度	高□　一般□　低□
5	听众的理解程度	高□　一般□　低□
6	听众的人数	____人
7	讲话时段	上午□　下午□　傍晚□
8	听众中的关键人物	有□　没有□　一般□
9	听众的地域特性	没有□　有□（风俗等）
10	需要特别注意的事项	（例1）　高层也出席会议时 （例2）　新娘方的发言人致辞时，新郎方的宾客中有竞争对手公司的人

5.4.2　整体把握准备工程

积累到位，效果自现

当人们突然着手准备时，既要收集资料又要听取意见，常常慌作一团，准备工作很难顺利开展。为了避免出现这种情况，大家需要平时做好准备。

大家需要在平时注意收集信息，强化迅速调动知识储备的能力。例如，如果能在 1 分钟内调动专业知识，那么我们在实际准备时会更加得心应手。

钢琴家说："一天不练琴，得花两三天才能找回感觉；一个人两天不练琴，要花更长的时间才能恢复原来的水平。"我原本以为他一年 365 天大部分时间都在练习，少练一天也无所谓，事实并非如此。我们应该重新认识日常准备工作的重要性。

准备工作应采取俯瞰式

我们在确定了实际场景、主题、听众后，就应该开始准备工作。准备方法因人而异，大体上可分为"俯瞰式准备"和"堆积式准备"两种。

我的一位前同事 K 先生做事非常认真，属于"堆积式准备"类型。他每次都从细节入手，深化理解，否则没办法准备主要部分。周围的人看他那样做事很担心，后来，他的上司让他做中期汇报，但他报告的内容只停留在前期阶段，没开始做正式准备工作，为此他的上司很生气，斥责他："不要管那些零碎的东西，赶紧开始做正式的准备工作！"

K 先生说："我就是这种性格，不把细节信息一一调查清楚就无法向前推进工作。"于是，他只能每天彻夜加班赶进度。

像 K 先生那样不把握事情全貌就盲目着手的做法特别耗费时间，不弄清楚整体概况，其他人即使想帮忙也无从插手，只能干着急。由此看来，准备工作还是应该采取"俯瞰式"而不是"堆积式"。"俯瞰式准备"又叫"鸟瞰式准备"，是指开展准备工作时不拘泥于细节，像鸟儿从高空俯瞰那样把握整体。比如，要准备工作发言，俯瞰式准备的做法是先着力构建整体认知框架，固定整体架构。自己先把骨架想清楚，如对方是谁、有什么目的、讲什么等。

在此过程中，人们难免被细节绊住，我们需要把细节问题先放到一边，优先考虑整体问题，这点非常重要。当然，不是把细节问题放到一边就万事大吉了，我们应该把自己特别在意的细节问题记录下来，等到处理细节的时候再重点探讨这类问题。

描绘完全貌后就应该及时向上司做中期汇报，报告准备工作的方向和内容架构。此时如果不及时与上司确认，自己做出来的东西有可能与上司的想法、意愿有出入，最后被告知要推翻重做。这样，前期准备工作就相当于做了无用功。有这样一类领导者，他们先让下属做，看到下属做的东西后才开始思考自己怎么做、做成什么样。这种类型的领导者需要大家多加注意。

我曾经就职的公司里有一位领导者 T 先生，他表面上说要激发员工的自主性和自发性，但每次都是拿到下属做的东西后才开始构思。为此，总是否决、修改，再否决、再修改，反反复复。他的很多下属叫苦不迭，抱怨说："早知如此，怎么不早点把你的想法告诉我呢？"

我起初也不懂这些，吃了不少苦头。为了避免被上司反复退改，大家须谨记：及时请上司确认整体构思，同步确定整体样貌，之后再充实细节。

5.4.3　实行阶段，准备工作要一气呵成

在正式着手准备工作前，需要做好相应的铺垫工作，为顺利开展准备工作创造环境。如果前期没有准备好就贸然开始，中途会多次中断，被迫一次又一次地重新做起，工作常常陷入无法推进的停滞状态。

请在驾校学过车的人回忆一下学车时的经历。如果一名学员每周去上一次课，下次上课时，他基本上就忘了上节课的内容，导致迟迟毕不了业，原地踏步。

我平时也在努力养成做事一气呵成的习惯，但是写本书时，还是因为工作等原因不得已停过笔。停笔一两周后，我很难重拾当初的感觉，记忆也变得模糊不清。

为此，我深切地感到需要时常翻看之前的内容，若要停笔一周，以每两日温习一次为宜。当然，最好的办法还是一旦开始

就一气呵成，赶紧完成。

5.4.4　在日常生活中锻炼兼顾能力

为什么女性的准备能力强于男性呢？其中一项重要的原因是女性在做家务的过程中得到了锻炼。

与父母一起生活时，女孩会在母亲做饭时帮忙打下手，从准备工作到上灶炒菜，女孩基本都做过。但男孩往往只负责吃，不参与这些家务活动，我认为正是这种经历拉开了男性和女性在准备能力上的差距。女孩在上述训练的基础上步入社会，组建家庭后一边忙家务一边工作，进而把男性甩得更远。

我们仔细观察女性的日常生活就能发现，她们在同时兼顾很多事情，如打扫卫生、洗衣服、做饭、育儿、打扮自己等。有时，女性还需要处理更棘手的难题，比如在兼顾家人口味喜好的前提下，在有限的时间内迅速地做出一桌丰盛的饭菜招待客人。女性就是在这样的日常生活中不断经受严格训练的。

当然，男性在工作方面的兼顾能力也不差，只是相对而言，男性能更好地集中于眼前的事物，女性却不能说"我不想做，所以我不做"这种任性的话。

男性要想提高准备能力，可以考虑多做点儿家务，如打扫卫生、洗衣服、购物等。

5.4.5　提升演练效果的 4 个要点

小学生在准备运动会上的体操表演时，都能把握练习和准备的状况，因此他们的准备和练习工作往往容易出成绩。

但是在准备沟通的内容时，只有我们自己了解情况，因此需要多加演练，改善准备工作的效果。提到演练，大家可能会感觉麻烦。但是如果不演练直接登场，出丑或者别人评价不佳时反而更麻烦。请大家把演练看作改善最终效果的必要行为。演练的要点包括以下 4 项：

- 自己在脑海中默想这不是演练，而是正式登场。

- 在多人面前练习，听取对方的反馈，进行调整。

- 尽可能找不懂讲话内容、与该内容无关的人当听众。

- 如果不懂讲话内容的人也能听懂，那么讲话者登场后的

  沟通基本上就能成功。

充分的准备是成功的钥匙，请大家做好万全的准备。

本章小结

① 紧张是正常的。

② 九成的紧张症都能得到缓解。

③ 充分的准备工作能改善紧张症。

④ 做准备工作时要多思考，要"悲观地准备，乐观地实行"。

⑤ "准备"就是排除一切可能成为借口的因素，把凡是能想到的都做到位。

⑥ 沟通的成功，九成取决于准备，一成取决于临场发挥。

⑦ 在做沟通前的准备工作时，要提前做计划，进行自我管理。

⑧ "车到山前必有路"的想法最危险。准备工作应周全、到位。

⑨ 准备没有捷径，而需要努力积累。

⑩ 做好充足的准备，结果自然会成功（充分的准备是成功的钥匙）。

⑪ 积累到位，效果自现。

⑫ 准备工作要一气呵成。

⑬ 演练确认，最后收尾。

结语

感谢您读到最后!

本书总结了沟通方法的两大支柱"换位思考"和"1 分钟说话法",大家按照这两点练习后能切身感觉到:

- 对方能把我的话听进去了。

- 沟通更顺畅了。

- 由误解引发的争执减少了。

- 人际关系变好了。

如果大家能在此基础上结合自己的实际情况和个性把这些方法打磨得更具个人特色,效果将更加显著。很多参加过培训的学员对我说"现在自己的意见经常被采纳""别人对自己的评价提高了""别人开始信任我了""我被委以重任了"这类话。

其实，我是在 30 岁以后才开始学习沟通方法的。当初，理科毕业的我从事技术类工作，感觉自己不善言辞。一次偶然的机会，看到公司组织进修清单中有"沟通方法讲座"，我一时兴起报了名。从那以后，每周三下午 6 点，只要不加班，我就会去培训班上课。

培训班里有 40 多名学员，课上大家自拟题目进行 3 分钟讲话练习，之后讲师进行指导、点评。我坚持了一年。说实话，我在培训班上的出勤率只有 80%，但是那些练习内容真的很有用，也能应用于我的工作。

沟通的对象、场合、内容总在变，没有哪种沟通方法能搞定所有场合，因此，提升沟通能力是一项永恒的任务。如果本书能为您提高沟通能力提供哪怕一点点帮助，我将不胜欣喜。

2018 年 9 月
山本昭生

换位沟通

实操与进阶手册

从容应对每一次关键对话
会沟通的人运气不会太差

人民邮电出版社

北京

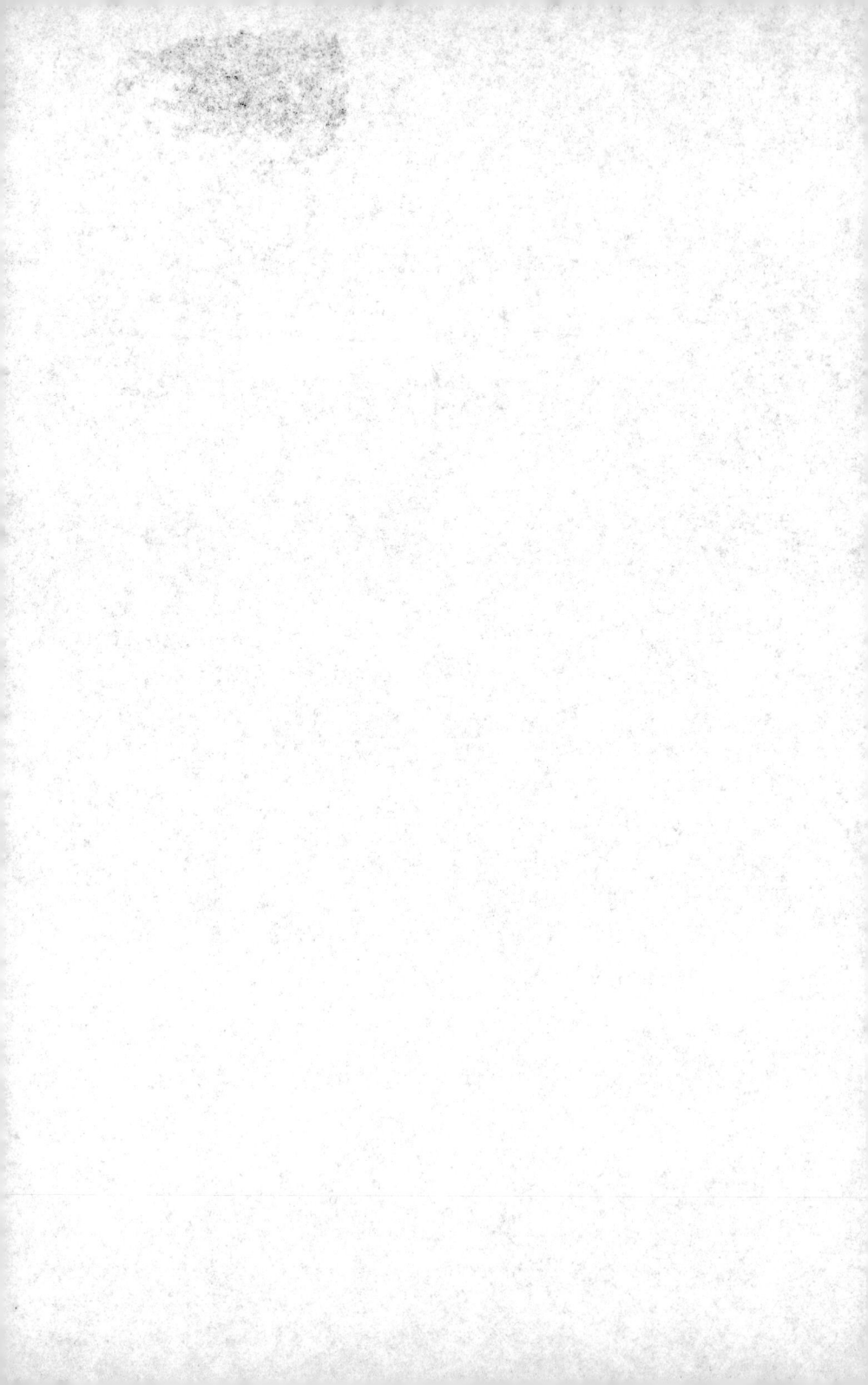

01

高效沟通的心理基础

每个人的自我，都是在关系里完成的。

>>> **准备功课 1：拉近讲话者与听者之间的"时间感"**

请向身边的5个同事或好友提问，自己平时描述一个问题的时长如何，是否啰唆或过于简单，并记录他们的反馈。

友人1：_____

_____

友人2：_____

_____

友人3：_____

_____

友人4：_____

_____

友人5：_____

_____

自我反思：_____

_____

_____

_____

>>> **准备功课 2：自我评测沟通中存在的问题**

问题1：我平时说话音量是否合适？请通过微信等录音工具，在相同
的距离下与友人进行录音音量对比，并记录结果。

_____

_____

_____

问题2：我平时说话语速如何？请听自己的录音进行自我判断，并记
录结果。

_____

_____

_____

问题3：在平时沟通的过程中，是否有自己一直在说，对方只是简单
反馈；或者别人一直在说，自己插不上话的问题？如果有，
请记录这些问题主要存在于哪几种沟通场景。

_____

_____

_____

问题4：在沟通过程中，你曾经尽可能地讨好对方吗？结果如何？

_____

_____

_____

问题5：在沟通过程中，你曾经大发脾气或指责对方吗？结果如何？

问题6：在沟通过程中，你曾经极力回避问题或岔开话题吗？结果如何？

问题7：在沟通过程中，你曾经努力地与对方讲道理却忽略了对方的感受吗？结果如何？

问题8：在沟通过程中，有人曾经努力地讨好你吗？你心里的感受是怎样的？

问题9：在沟通过程中，有人曾经指责你、贬低你，或者把责任都推卸在你的身上吗？你心里的感受是怎样的？

问题10：在沟通过程中，有人曾经刻意逃避你的提问吗？你心里的感受是怎样的？

问题11： 在沟通过程中，有人曾经把一些道理、规则强加于你，而不考虑你的处事原则吗？你心里的感受是怎样的？

_____

_____

问题12： 在沟通过程中，你曾经被人充分尊重吗？你同样尊重他人吗？你心里的感受分别是怎样的？

_____

_____

问题13： 在沟通过程中，你的讲话曾经被人打断或者你打断别人的讲话吗？你心里的感受分别是怎样的？

_____

_____

问题14： 在沟通过程中，你遇到过可以有意识地控制说话与倾听的比例的对象吗？你心里的感受是怎样的？

_____

_____

问题15： 在沟通过程中，曾经有人与你在背后议论他人的缺点或隐私吗？你心里的感受是怎样的？

_____

_____

问题16： 在沟通过程中，曾经有人对你说了越界、冒犯的话吗？你心里的感受是怎样的？

_____

_____

>>> **准备功课 3：自我评测说话方式，记下需要改进的问题**

问题1：在沟通过程中，你擅长抓住对方的注意力，引起对方的兴趣吗？

_____

_____

问题2：你当众说话的时候能否克服紧张情绪，声音洪亮、表述清晰？

_____

_____

问题3：在说话的时候，你会有意识地与对方进行友好的目光交流吗？

_____

_____

问题4：你说话的时候会注意自己的肢体语言是否得体吗？

_____

_____

问题5：在说话的时候，你是否注意过自己的表情，会有意识地保持微笑吗？

_____

_____

问题6：在说话的时候，你会注意观察听者的表情吗？

_____

_____

>>> **准备功课 4：自我测评说话内容，记下需要改进的问题**

问题1：在关键对话开始之前，你会提前准备吗？

_____

_____

问题2：在关键对话中，你会记住自己沟通的目的吗？

_____

_____

问题3：你说话总是拐弯抹角、难以直奔主题吗？

_____

_____

问题4：你可以用一句话概括你的意图并强调它吗？

_____

_____

问题5：你所表达的内容是否具有足够的逻辑性？

_____

_____

问题6：你能根据说话的场合与对象把握说话的分寸吗？

_____

_____

问题7：在表达的时候，你会根据对方的理解程度调整措辞和描述方法吗？

_____

_____

问题8：在沟通过程中，你会先介绍讲话的重点吗？

_____

_____

问题9：在沟通过程中，你会以一句让人印象深刻的话收尾吗？

_____

_____

问题10：在沟通过程中，你会注意表达得既不啰唆也不抽象吗？

_____

_____

问题11：在沟通过程中，你会注意解释专业术语或专有名词吗？

_____

_____

问题12：在沟通结束后，你会反思沟通细节与对方的反馈吗？

_____

_____

>>> **准备功课 5：辩证训练**

辩证训练要求我们必须认真对待相反的观点。

为了提前准备关键对话，我们需要提前考虑到对方可能提出的反对意见，并想出相应的回复方式，以达到求同存异的效果。

以下的练习会帮助你"预演"将要面对的高难度谈话，除了帮你思考如何表达，更能帮你消除紧张感，以便你在对话中有更好的表现，给对方留下从容、得体、可靠的印象。

因为辩证训练很关键，所以我提供了3个场景的书写练习，请你写下3个场景下关于辩证训练的思考。

我们就一起开始吧。

> 场景 1

1. 你要为之准备的事情是什么?

_____

_____

_____

_____

_____

_____

_____

2. 你想要达到的沟通效果是怎样的?

_____

_____

_____

_____

_____

_____

_____

3. 你的沟通对象是谁?

①他的年龄、性别?

_____

_____

_____

②他的学历背景是什么?

_____

_____

_____

③他的性格如何? （请具体描述一下）

_____

_____

_____

④他现在的情绪如何，是急躁、多疑、热情还是平和?

_____

_____

_____

⑤他和你的关系如何?

_____

_____

_____

4. 沟通时间与环境是怎样的?

①你大概有多少时间可以用来与他进行沟通?

_____

_____

_____

_____

②你们沟通的环境是怎样的? 在这种环境下沟通时,需要注意
什么?

_____

_____

_____

_____

③你们之间沟通的方式是怎样的(电话、会议、邮件等),在
这种方式下需要注意什么?

_____

_____

_____

_____

5.他为什么会对你的方案感兴趣？他为什么会同意你的方案，并为此付出精力、时间和金钱？你可以为他带来哪些实际的好处呢？

6.对方可能对哪些方面心存疑虑或者提出哪些反对理由？你打算
如何回答？与你的观点相反的观点都有哪些？你的观点可能存
在哪些问题？

7.对你来讲，这次沟通的意义是什么？

①这次沟通之后，你希望发生哪三件具体的事情？

_____

_____

_____

_____

_____

②为了促成这三件事，你会优先考虑哪些问题？可以在哪些方面做出让步？

_____

_____

_____

_____

_____

_____

> 场景2

1.你要为之准备的事情是什么?

_____

2.你想要达到的沟通效果是怎样的?

_____

3.你的沟通对象是谁?

①他的年龄、性别?

_____

_____

_____

②他的学历背景是什么?

_____

_____

_____

③他的性格如何?（请具体描述一下）

_____

_____

_____

④他的情绪如何，是急躁、多疑、热情还是平和?

_____

_____

_____

⑤他和你的关系如何?

_____

_____

_____

4.沟通时间与环境是怎样的?

①你大概有多少时间可以用来与他进行沟通?

②你们沟通的环境是怎样的? 在这种环境下沟通时，需要注意什么?

③你们之间沟通的方式是怎样的（电话、会议、邮件等），在这种方式下需要注意什么?

5.他为什么会对你的方案感兴趣？他为什么会同意你的方案，并为此付出精力、时间和金钱？你可以为他带来哪些实际的好处呢？

6.对方可能会对哪些方面心存疑虑或者提出哪些反对的理由？你
打算如何回答？与你的观点相反的观点都有哪些？你的观点可
能存在哪些问题？

7.对你来讲，这次沟通意义是什么？

①这次沟通之后，你希望发生哪三件具体的事情？

_____

_____

_____

_____

_____

_____

_____

②为了促成这三件事，你会优先考虑哪些问题？可以在哪些方面做出让步？

_____

_____

_____

_____

_____

_____

_____

_____

> 场景 3

1.你要为之准备的事情是什么?

_____

_____

_____

_____

_____

_____

_____

2.你想要达到的沟通效果是怎样的?

_____

_____

_____

_____

_____

_____

_____

_____

_____

3.你的沟通对象是谁?

①他的年龄、性别?

_____

_____

②他的学历背景是什么?

_____

_____

③他的性格如何? （请具体描述一下）

_____

_____

④他现在的情绪如何，是急躁、多疑、热情还是平和?

_____

_____

⑤他和你的关系如何?

_____

_____

4.沟通时间与环境是怎样的?

①你大概有多少时间可以用来与他进行沟通?

_____

_____

_____

②你们沟通的环境是怎样的，在这种环境下沟通时，需要注意什么?

_____

_____

_____

_____

③你们之间沟通的方式是怎样的（电话、会议、邮件等），在这种方式下需要注意什么?

_____

_____

_____

_____

5.对方为什么会对你的方案感兴趣？他为什么会同意你的方案，并为此付出精力、时间和金钱？你可以为他带来哪些实际的好处呢？

6.对方可能对哪些方面心存疑虑或提出哪些反对理由？你打算如
何回答？与你的观点相反的观点都有哪些？你的观点可能存在
哪些问题？

7.对你来讲，这次沟通的意义是什么？

①这次沟通之后，你希望发生哪三件具体的事情？

②为了促成这三件事，你会优先考虑哪些问题？可以在哪些方面做出让步？

>>> **准备功课 6：反思与启示**

1.请写下在过去的沟通过程中，你没有听懂的话，并想一下自己为什么没听懂，对方的表达存在什么问题？

_____

_____

_____

_____

_____

_____

2.请写下在过去的沟通过程中，对方说过的让你感到被尊重或心情愉悦的话。

_____

_____

_____

_____

_____

_____

3.请写下在过去的沟通过程中，你说了之后令对方心情愉悦的话。请继续使用。

_____

_____

_____

_____

_____

_____

_____

_____

4.请写下在过去的沟通过程中，令你感到十分伤心的话。请记住：不管自己多么伤心、多么生气，都不要说类似的话。

_____

_____

_____

_____

_____

_____

_____

_____

_____

>>>   **准备功课 7：说话时以自我为中心的程度测试**

测试项	是与否
本质上具有以自我为中心思考问题的倾向	
相信别人和自己想的一样	
认为自己不用细说，对方也会明白	
认为只要内容好就行，说话时的动作、表情、神态等并不重要	
不能及时发觉对方已经心不在焉了	
没有注意到对方的情绪，只是一味地说教	

1.为了解决以自我为中心的问题，你需要改进和避免哪些方面呢？

_____

_____

_____

_____

_____

_____

_____

_____

2.列举你因为说错话而必须事后补救的情形。

_____

_____

_____

_____

_____

_____

_____

_____

02

1分钟说话法的练习

从本质上讲，听者都是容易厌烦的；
信息量与理解难度成反比。

>>>　**请记住 1 分钟说话法的适用场景**

日常交流（对话、拜托别人做一些简单的事情、请求、回答）

公司内部的汇报、联系、会议

会议上的讨论

会议主持

自我介绍

一般来讲，1分钟内讲200字左右的语速是合适的。

下面请你计时1分钟念任意一本书中的一段内容，1分钟后数一

下字数，测试一下自己的语速。

>>> 1分钟说话法之"简洁法"练习

1."简洁法"公式：寒暄语+内容主题+姓名

练习1：请写下拜托别人做一件事情的陈述语

_____

_____

_____

_____

_____

_____

_____

_____

_____

_____

_____

_____

_____

_____

练习2：请写下例会时工作汇报的陈述语

2. "简洁法"之"三明治法"公式：寒暄语+姓名+内容+姓名+寒暄语

练习1：请写下主持会议的开场白

_____

_____

_____

_____

_____

_____

_____

_____

_____

_____

_____

_____

_____

_____

_____

_____

_____

_____

_____

_____

练习2：请写下说明会上的发言稿

>>> **1分钟说话法之"紧凑型三部分构成法"练习**

"紧凑型三部分构成法"公式：寒暄语+点题（10秒/30字）+展开（40秒/120字）+总结（10秒/30字）+姓名

点题练习：请结合平时的场合写出相关的句子

①用和蔼可亲的态度活跃气氛、拉近距离

_____

_____

_____

_____

_____

_____

②从与现场有关的话题讲起

_____

_____

_____

_____

_____

_____

③直接从结论讲起

④使用一句话揭示主题

⑤从问题讲起

练习1：请写下在会议中提出一个问题让大家讨论的发言稿

练习2：请写下在会议中宣布一件事情的发言稿

>>> **1分钟说话法之"三角脚本法"练习**

"三角脚本法"公式：寒暄语+主张（20字）+内容（1～2点）
+理由或事例+总结+姓名

练习1：请写下在会议中说明一件事的发言稿

练习2：请写下一周的工作汇报

>>> 1分钟说话法之查阅资料

练习：请查阅资料后写下与你要陈述的问题有关的3个数据（如：令人震惊的统计数据表明……）

03

不同场合下的沟通方法

拥有有效的沟通，才能建立良好的
人际关系。

>>> **交谈场合**

友善功能：构筑良好的人际关系
共情功能：站在对方的角度，换位思考

练习：通过陈述事实，写下对某人表示感恩的话语，并描述自己的心情

_____

_____

_____

_____

_____

_____

_____

_____

_____

_____

_____

_____

_____

_____

_____

_____

_____

>>> **说明场合**

理解功能：让对方听得明白、轻松
接受功能：让对方发自内心地接受

练习：通过列举数据，写下对某个产品的说明报告

_____

_____

_____

_____

_____

_____

_____

_____

_____

_____

_____

_____

_____

_____

_____

_____

_____

>>> **演讲场合**

接受功能：让对方发自内心地接受

说服功能：促使对方产生某种意愿或冲动

练习：通过调动感性思维，写下一段年会致辞

_____

_____

_____

_____

_____

_____

_____

_____

_____

_____

_____

_____

_____

_____

_____

>>> **推销场合**

说服功能：促使对方产生某种意愿或冲动

练习：写下一段产品推销词，充分展示自己的职业素养与专业
能力

_____

_____

_____

_____

_____

_____

_____

_____

_____

_____

_____

_____

_____

_____

_____

讲话的逻辑与顺序

自己说得明白，对方才能听得进去。

>>>   **梳理讲话内容的层次**

△主题（用一句话概况）

_____

_____

1. 一级内容

_____

_____

1.1 二级内容

_____

_____

1.1.1 三级内容

_____

_____

1.1.2 三级内容

_____

_____

1.2 二级内容

1.2.1 三级内容

1.2.2 三级内容

1.2.3 三级内容

2. 一级内容

_____

_____

2.1 二级内容

_____

_____

2.1.1 三级内容

_____

_____

2.1.2 三级内容

_____

_____

2.1.3 三级内容

_____

_____

2.2 二级内容

2.2.1 三级内容

2.2.2 三级内容

2.2.3 三级内容

3. 一级内容

_____

_____

_____

3.1 二级内容

_____

_____

_____

3.1.1 三级内容

_____

_____

_____

3.1.2 三级内容

_____

_____

_____

3.1.3 三级内容

_____

_____

_____

3.2 二级内容

3.2.1 三级内容

3.2.2 三级内容

3.2.3 三级内容

>>> 内容先行法

"内容先行法"公式：主题+一级内容+二级内容+三级内容

在商务会谈中，特别是向上司汇报工作时，最忌讳的就是起承转合，绕弯子，让人听起来云里雾里。

不管结论是好事还是坏事，都应先明确"我有个好消息"或"有一件不太好的事需要解决一下"。这样，听者马上就能知道是安心听下去就好，还是应该严肃对待。

练习：汇报一项出了问题的工作（200字左右）

>>> 四部分构成法

"四部分构成法"公式：结论+绪论+本论+结论

结论：说明主题，引出绪论，激发听者的兴趣。

绪论：以话题等为切入点，为本论做铺垫。

本论：说出3～5项内容。

结论：重申主题。

练习：做一个产品说明（300～500字）

>>> **AREA 法**

Assertion：观点，20字。

Reason：理由、根据，200字。

Evidence or Example：论证或举例，事实、数据，200字。

Assertion：结论，强调主张、观点，30字。

练习：对一件事发表自己的看法（400～500字）

05

提升自己的肢体语言

有策略的非语言表达，可以提升
沟通效果。

>>> **非语言表达的自我觉察**

无意识的非语言表达检查列表

检查项	给对方的印象	自我诊断
背着手说话或听别人说话	蛮横的、权威的	
抱着胳膊说话或听别人说话	否定的、权威的	
说话或听别人说话时，不看着对方的脸（扭着头、低着头）	没兴趣、没热情	
说话或听别人说话时，没有表情或表情复杂	没兴趣、权威的	
说话或听别人说话时，把手叉在腰上	权威的、倦怠感	
半躺在椅子上讲话或听别人讲话	粗鲁、漫不经心	
说话或听别人说话时，眼神飘忽不定	不冷静	
弓着背说话	没自信	
撇着嘴听别人说话	没兴趣、倦怠感	

检查标记：符合的画√ 不符合的画× 不确定的画▲

06

克服紧张

拥有"紧张症"，有时更容易被信任。

>>> **紧张原因的自我觉察**

导致紧张的原因一览表

导致紧张的原因	检查
一想到自己要站在众人面前讲话就紧张	
以往的失败经历造成了心理阴影（心理创伤）	
认为自己有紧张症	
性格软弱，顾虑多	
自说自话，使用自己独特的说话方式	
缺乏自信	
说话声音小、语速快	
很少在公众场合讲话，不习惯在公众场合讲话	

注：检查标记：符合的画√ 不符合的画× 不确定的画▲

>>> **紧张者的准备工作**

练习：倾听式销售，了解听众的情况

需要了解听众的哪些情况

序号	注意事项	内容
1	听众的年龄构成	＿＿＿ ~ ＿＿＿岁 平均＿＿＿岁
2	听众的男女比例	男女比 ＿＿＿ : ＿＿＿
3	听众的目的	例如：业务相关、自己感兴趣
4	听众的兴趣、关心程度	高□ 一般□ 低□
5	听众的理解程度	高□ 一般□ 低□
6	听众的人数	＿＿＿人
7	讲话时段	上午□ 下午□ 傍晚□
8	听众中的关键人物	有□ 没有□ 一般□
9	听众的地域特性	没有□ 有□（风俗等）
10	需要特别注意的事项	（例1）高层也出席会议时 （例2）新娘方的发言人致辞时，新郎方的宾客中有竞争对手公司的人

>>> 预防忘词

练习1：在进行关键对话时，简要记录重点内容

练习2：以简单图画的形式做笔记，以便复习时能对重点加深记忆

练习3：忘词的应对方法
①复述标题、观点，表示强调

_____
_____
_____
_____
_____

②幽默式地实话实说，如"刚才那人把我的话都带走啦"

_____
_____
_____
_____
_____

③对之前说的话提问

_____
_____
_____
_____
_____

07

沟通的进阶技巧

表达的意思不被对方"打折",是很
重要的技巧。

>>> **复杂的话简单说**

练习1：请通过比喻、类比等方法解释一下你所在领域的专业名词，并让人听起来通俗易懂

_____

_____

_____

_____

_____

_____

_____

_____

_____

_____

_____

_____

_____

_____

_____

_____

_____

_____

练习2：请练习用数据等要素说出决策者不知道但想知道的问题

关于你正在解决的问题的范围，你正在讲解的问题的紧迫程度，你正在讲解的问题有什么戏剧性的转变，你正在满足的未满足需求……

关于_____（你的话题），令人震惊的统计数据有哪些？

关于_____（你的话题），最近做了哪些研究？

关于_____（你的话题），谁是专家？

关于_____（你的话题），最近热议的文章有哪些？

关于_____（你的目标市场），变化趋势是什么？

关于_____（你的事业或行业），有什么权威的网站或者微博？

练习3：拒绝模糊性词汇

自己不说模糊性词汇："我想想再说"→"我最晚明天下午告诉你我的答案"

对方说模糊性词汇的时候，进一步询问："我马上就会还你钱"→"我一周后还你的钱"

请反思自己过去没说清楚的话，写下如果再说一次自己会怎么说。

_____

_____

_____

_____

_____

_____

_____

_____

_____

_____

_____

_____

_____

练习4：使用重点句拉回听众的注意力

这件事的关键在于_____
_____

特别需要注意的是_____
_____

我最想强调的是_____
_____

我重申一次_____
_____

你必须认识到的事实是_____
_____

下面这段话对你非常重要_____
_____

如果你相信我，就记住我接下来说的话_____
_____
_____

>>> **精准表达**

练习1：打消听者的顾虑

如：你今天真漂亮！（听者：他对我是不是有想法，是不是有求于我，还是我以前很丑？）→你的裙子是什么牌子的？（听者：原来是普通闲聊啊）

请练习解释你说过的可能会让人误解的话。

_____

_____

_____

_____

_____

_____

_____

_____

_____

_____

_____

_____

_____

练习2：避免以偏概全的绝对化表述

请评价你的竞争对手，既表达你的观点，又不会显得过于主
观、专断。

>>> **不做"话题终结者"**

练习1：应对别人的误解，不要一味地否认，而要补充解释

练习2：拒绝别人的好意，不要单纯地拒绝，也要感恩和肯定

练习3：拒绝帮助别人，不要只是拒绝，也要解释或者提出反问

>>>　**与陌生人沟通**

练习1：开口打招呼，谈论正在经历的事（与双方当下的感受、场景相关）

练习2：谈论对方感兴趣的事（与其知识背景、见识、能力有关）

练习3：谈论对方在意的事（与其利益、心情相关）

练习4：向对方寻求建议或帮助（好为人师是人的天性）

练习5：找一个必须与对方沟通的借口

练习6：寒暄

①与对方聊他的兴趣爱好

②赞美对方今天的穿着打扮

③给对方提出某个实用的小建议

④询问对方的心情，表示理解

>>> 学会封闭式提问

练习：把含糊的问题说具体

如："我不懂，能教我一下吗"→"能给我看一下企划书的格式吗"

_____

_____

_____

_____

_____

_____

_____

_____

_____

_____

_____

_____

_____

_____

_____

>>> **应对重大失误**

练习：不找借口和理由，而是寻找解决方案

①道歉

_____

_____

_____

②讲实话，不要隐瞒自己的过失，避免导致更严重的问题

_____

_____

_____

③我现在能做什么

_____

_____

_____

④这样补救行不行

_____

_____

_____

>>> **应对争吵**

练习：对沟通的目标负责

沟通的目标是：＿＿＿＿＿＿＿＿＿＿＿＿＿＿＿

为了这个目标，我不能因为沟通产生分歧就陷入争吵，什么都忘了。

我可以这样去化解：

＿＿＿＿＿＿＿＿＿＿＿＿＿＿＿＿＿＿＿＿＿

＿＿＿＿＿＿＿＿＿＿＿＿＿＿＿＿＿＿＿＿＿

＿＿＿＿＿＿＿＿＿＿＿＿＿＿＿＿＿＿＿＿＿

＿＿＿＿＿＿＿＿＿＿＿＿＿＿＿＿＿＿＿＿＿

＿＿＿＿＿＿＿＿＿＿＿＿＿＿＿＿＿＿＿＿＿

＿＿＿＿＿＿＿＿＿＿＿＿＿＿＿＿＿＿＿＿＿

＿＿＿＿＿＿＿＿＿＿＿＿＿＿＿＿＿＿＿＿＿

＿＿＿＿＿＿＿＿＿＿＿＿＿＿＿＿＿＿＿＿＿

＿＿＿＿＿＿＿＿＿＿＿＿＿＿＿＿＿＿＿＿＿

＿＿＿＿＿＿＿＿＿＿＿＿＿＿＿＿＿＿＿＿＿

>>>　**消除"鸡同鸭讲"的错位沟通**

练习1：理解彼此的认知差异

我对这件事的看法是：

_____

_____

_____

_____

对方对这件事的看法是：

_____

_____

_____

_____

我与对方"核对"过我"猜想（以为）"的他的看法后，发现
彼此看法的差异是：

_____

_____

_____

_____

练习2：拒绝"先入为主"的思维误区

我对他的印象是：

_____

_____

_____

_____

我听说别人这样评价他：

_____

_____

_____

_____

实际与他交往后，我认为他其实：

_____

_____

_____

_____

练习3：应对别人的误会

通过他说的话，我认识到他在这个问题上误解了我：

_____

_____

_____

_____

_____

_____

因为他的认知和逻辑是：

_____

_____

_____

_____

_____

_____

我需要用他的逻辑来向他解释：

_____

_____

_____

_____

_____

_____

练习4：用同理心的6个维度探讨一次争论

维度一：你错我对

_____

_____

_____

_____

_____

维度二：我错你对

_____

_____

_____

_____

_____

维度三：双方都对

_____

_____

_____

_____

_____

维度四：双方都错

维度五：这个话题不重要

维度六：上面5个维度都有道理

>>> **有时候，质疑是必要的**

练习1：思考他人的言外之意

他或许没好意思对我说：

_____

_____

_____

_____

_____

_____

_____

为了避免我多想，我要找个时机与他这样核对：

_____

_____

_____

_____

_____

_____

练习2：判断他人有没有对自己说谎

我觉得他或许没有说实话的是：

_____

_____

_____

_____

_____

_____

为了判断他有没有说谎，我可以问他这些细节：

_____

_____

_____

_____

_____

_____

_____

_____

>>> **句式练习**

练习1：常见句式的练习

①因果句式：因为……所以；之所以……是因为；因此……

_____

_____

_____

②并列句式。一方面……另一方面……；有时候……有时候……

_____

_____

_____

③转折句式。虽然……但是……；尽管……但是……；然而……

_____

_____

_____

④递进句式。不仅……，还……；不但……，而且……

⑤假设句式。如果……那么……；即便……也……；就算……
也……；除非……也……

练习2：特殊句式的练习

①活跃气氛的仿句。"扎心了，老铁" → "扎铁了，老心"

②幽默式提问。"创业不易" → "我会反思：机会都被你们抢光了，我是不是就没有机会了？"

③权威果断式表态。"××为什么会成功？"→"××的成功并不是因为辍学！个案不能证明什么。"

④强有力的排比。"我喜欢花，难道要摘下来；我喜欢风，难道要让风停下来；我喜欢……"

⑤假设性语句表达肯定信息。"如果上天再给我一次机会，我
会对她说：'爱你一万年。'"

⑥鼓励式反问。"这些负面情绪对你有什么启发？"

>>> **成功沟通的四大原则**

练习1：性别原则

①男性最在意：面子、权威、价值
所以在沟通中应该顾及以下3点：

_____

_____

_____

_____

_____

_____

②女性最在意：被倾听、赞美（外貌、能力等优点）、变化
所以在沟通中应该顾及以下3点：

_____

_____

_____

_____

_____

_____

练习2：场景原则

①开会时我不方便说：

_____

_____

_____

_____

②下班后我不应该说：

_____

_____

_____

_____

③气氛严肃时我不能说：

_____

_____

_____

_____

练习3：利益原则

①我能为对方提供的好处是：

_____

_____

_____

_____

②对方能为我带来的好处是：

_____

_____

_____

_____

③如果对方让步，他会牺牲的利益是：

_____

_____

_____

_____

练习4：尊严界限原则

①曾经有人用这样的态度对我说话，我认为他冒犯了我的尊严：

_____

_____

_____

_____

②我这样说这件事，才不会冒犯别人的尊严：

_____

_____

_____

_____

③我这样指出别人的不足，才不至于冒犯别人的尊严：

_____

_____

_____

_____

08

总结与反思

在沟通过程中，真诚永远比技巧重要。

阅读手记